U0078505

陪讀的刻意練習

養成孩子自主學習的教養魔法

雙丁麻麻　著

Juju 插畫設計

三民書局

獻給我的一對心頭肉，
以及他們正在形塑的自我；
祝福我的一對心頭肉，
以及他們即將打造的未來。

自序

我是一位母親，擔任全職媽媽的資歷八年有餘，我從不認為我的一對心頭肉（小名：雙丁）特別皮或是多講不聽，但自從他們入小學起，我們卻開始遭遇各式各樣的學習難題，實際參與孩子學習後，我明顯有感教養環境大不如前，環環相扣的體制衍伸出許多過去父母不曾有過的教養焦慮，即便我明白孩子為獨立的個體，即便我清楚孩子並非父母之延續，但身在其中的我卻不免懷疑，倘若現在的自己什麼也不做，但卻在內心暗自盼望，某天孩子突然就懂得學習的意義，並願意主動與學習發生關係，這個念頭是否太過理想主義？

然而，陪讀時那種血壓升高快要中風的感覺是騙不了人的，每次「牙」起來後除了得自拾殘局之外，也擔心危害孩子的幼小心靈，與朋友相聚更是不時自我嘲諷，當初想要陪讀簡直是不自量力，但這段硬著頭皮的日子被賦予了意義，我一邊陪讀一邊發現，若是母親想在「督促孩子學習」與「兼顧親子關係」的夾縫中生存，最主要應釐清的部分在於：**倘若陪讀時親子衝突是無法避免的，身為母親該守住的底線為何，該在哪些地方堅持到底，又該在哪些地方眼睛閉閉。**

這本書記錄了許多我家與陪讀有關的狀況劇，除了有我從各類書籍中所整理的解答之外，還有我們如何應用在陪讀生活裡的實際作法，但這絕對不是本陪讀秘笈，而是一位母親，在陪讀時嘗試和心頭肉共同找出面對學習之更多可能性，並且未完待續，因為現在的我仍走在陪讀的路上，仍有許多未知讓我感到非常迷茫，雖說託書中內容之福，目前雙丁與我的陪讀生活還算融洽，但我本身並無教育專業背景，所以一如我既往的立場，請大家按照自己喜歡的方式，陪孩子運用書中內容即可，而陪讀之路漫漫，等在母親眼前的還有好長一段，所以倘若這本書，能帶給和我有類似想法的母親們一些安慰與幫忙，將會是我感到最榮幸的地方。（鞠躬）

不過來日方長，誰也不知未來將會怎樣，於此我想特別註記：關於本書所有不完備及錯誤之處，皆由我個人承擔，與雙丁和他們的未來沒有關係。最後非常感謝大家拿起這本書，也誠摯邀請您把這本書帶回家，因為身為母親，我們應該相信陪讀可以有更多可能，而成為母親之後，我愈發有種感覺，為了孩子，就算只剩一種可能，母親仍是會試著盡己所能。

自序 4

第一站 學習的意義

給陪讀一個理由 9
這個長大基本款，你一定要擁有 14
學習做自己，但記得…… 19
天賦真的有可能發光嗎？ 24
你應該要認識的「多元智能之父」 30
對於學什麼，學校為什麼要有這麼多「規定」？ 36
大人說讀書沒用，可能是因為「倖存者偏差」 42
讀書有沒有用，取決於你對讀書的態度 47
如何尋找學習的快樂？ 53
生命承受的輕與重，跟學習有關嗎？

第二站

學習的起手式——搞懂記憶形成與大腦發展

陪讀的方向 62
國字練習請定時定量 70
什麼！媽媽叫我擦掉重寫（淚） 77
想專心，請與「注意力章魚哥」打交道 84
畫重點，請用誇飾法！ 93
做筆記來串記憶珠珠 99
考試打結的話怎麼辦？ 109
休息的幼兒用戶實測報告（上） 115
休息的幼兒用戶實測報告（下） 119
心智圖的威力 123
身為數位原住民，你應該要知道…… 130

第三站

學習的重頭戲——複習

與複習最浪漫的約定 138
打造最高品質讀書環境！ 145
複習習慣養成記 150
複習鷹架給它搭起來 155
追上忘記的速度——讓我們約在「遺忘點」見面 161
現寫現改，看的到效果 167
複習也要「打卡＋追蹤」 173
開啟複習最省力模式 179
原來「番茄」是「耐力補給品」？試試番茄鐘的厲害！ 188
如果很累，「來一份」就好 194
朝時間管理大師的境界前進（周末表格） 201

關於努力媽媽想要補充…… 208

第四站 陪讀路上的心得

與「教養焦慮」直球對決（上） 216
與「教養焦慮」直球對決（下） 222
願與你們不負「這些年」 229
陪讀的魔法語言 234
教養盲點記實（上） 244
教養盲點記實（下） 248
我們的未完待續 253

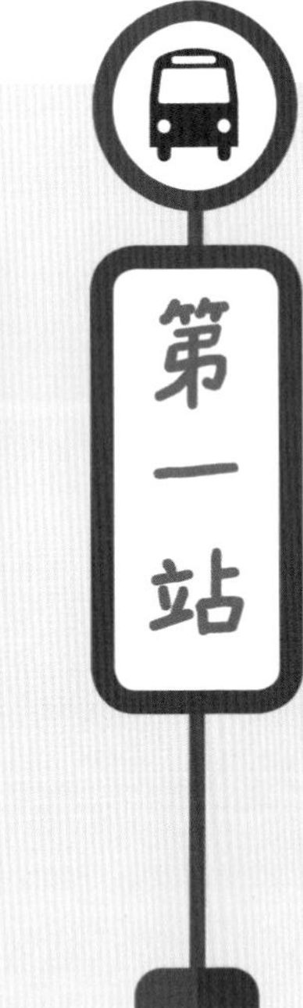

學習的意義

自從媽媽決定陪你們走一段讀書的路後，

考試與作業帶給我們焦慮和壓力無所遁形，

我完全同意成績不是衡量人生好壞的唯一，

但我們不能因此就忽視，學習之於人生的正面意義。

然而，身為母親心疼你們日益艱難的學習環境，特別想把這兩句話送給你們作為學習指南：

面對外在世界，保有主動選擇的實力，

面對內在世界，擁有感受幸福的能力。

在學習的第一站，媽媽會陪著你們一同前行。

給陪讀一個理由

「你們升小學後，想要媽媽陪你們讀書和寫功課嗎？」
「好啊，我們做什麼都想要有媽媽陪～」

親愛的雙丁：

關於「媽媽究竟要不要陪讀」這個問題，基於尊重我也和你們討論過好多遍，從中班到大班，簡直討論到最高點，但我內心始終沒有答案，總是非常搖擺。

由其他過來人媽媽的經驗得知，陪讀很容易讓親子關係陷入高度緊張的狀態，所以我曾跟你們解釋，陪讀會讓我們很常吵架，但你們似乎覺得問題不大，尤其胖丁不愧是家中長子和理性代表，堅定地重申「吵架後想辦法和好就好」之立場，甚至還勸我不必過度緊張。

雙丁啊，雖然我也想二話不說，沉溺於你們對我毫不掩飾的愛之中，但我明白這是你們「現在」對於寫功課這件事情沒什麼概念，對於讀書壓力缺乏經驗所做出的判斷，然而身為母親不能就這樣把責任推到你們身上，必須「做出有意識的選擇」。

雖說面對未知選項，參考他人經驗有助於做出適合判斷，但人畢竟是情感動物，有所謂情感誤區，就用教養作為例子，在媽媽讀到的一些教養觀念裡，說明父母教養孩子最容易陷入兩個「教養情感誤區」：

1 不知不覺承襲原生家庭的教養方式，忽略了時代正在轉變更替，很多教養觀念需要與時俱進的改變。

2 對於原生教養方式產生強烈抗拒，「無論如何都不要變成那樣的父母」的執念太過強烈，導致忽略對現實的周全考量。

對於「是否陪讀」，由於聽過很多過來人的經驗，所以媽媽有很多感覺，但做決定不能全憑感覺，應該要試著去理解，別人之所以決定陪讀或不陪讀背後的原因，不如就媽媽蒐集到的情報，將各式各樣的考量因素彙整後進行討論，試著做出最適合我們家之「有意識的選擇」：

- **經濟考量**：家教或安親班的費用不是一筆小數目，付出不一定有所回報，這筆支出應佔家庭總支出多少比例？這問題牽涉到長遠的家庭規劃，需要父母達成某種程度上的共識，否則日後容易衍伸為意見不合的爭端。
- **時間考量**：超時工作的職場文化，讓父母回家後早已疲累不堪，在工作型態無法隨意更動之前提下，父母應該怎麼做，才能更有效兼顧孩子的學習進度和品質。
- **情感考量**：由於孩子還小自律性不高，寫作業和讀書通常被歸類在親子關係中的地雷區，考驗陪讀者的智慧與耐心，地雷有的能避，有的會爆，一旦爆炸後作用力可大可小。

健康考量：安親班的餐食多半外包，孩子的睡覺時間也可能因為接送導致延後，成長階段「學習成果」與「營養睡眠」同樣重要，父母如何掌握其中分寸也是另一層面的考慮要點。

雙丁啊，雖然漫漫陪讀人生，我也很怕空餘你們對我的恨，但媽媽喜歡看帥哥的事眾所皆知，在我偏頗的認知裡，男孩兒是愈高愈好，所以為把握你們黃金長高期，盡可能讓你們早睡是我的首要目標，綜合以上媽媽還是決定先陪讀囉～

後記

雙丁啊，雖然註定和你們不能同年同月同日生，但至少能夠相親相愛不相殺（愛心），關於陪讀我可是下了很大的決心，你們皮最好是給我繃緊一點。（雙丁：媽媽你不是說不相殺，你口氣為什麼聽起來有點凶狠？）

這個長大基本款，你一定要擁有

「媽媽，長大好好，我好想趕快長大！」
「先告訴你，長大不完全如你想像中美好喔～」（笑）

親愛的雙丁：

「媽媽，你知道上小學以後就可以blabla……」我時常從生活的各方各面感受到你們對於「長大」的迫不及待，老實說我小時候也是這樣，對於「長大」懷抱著各式各樣的粉紅泡泡，認定很多小時候不能做的事情，長大後便能通通解禁，將自己對於未來的期待都寄託於長大！

上小學後，有別於從前幼兒園老師的貼身照顧或緊迫盯人（笑），你們多出許多自主空間，每天回來總是嘰嘰喳喳：「老師不在的鬼抓人超級刺激」、「小學一次可以借四本書，還都是自己喜歡的（幼兒園只有兩本）」、「我下課想去哪裡就去哪裡，都沒有人管」，我聽得出來，你們對於長大後的自由小天地興奮不已。

不過權利與義務往往並肩而行，享受比幼兒園更多的自由，意即需要承擔比幼兒園更多的責任，學習成為我們當前生活的重中之重，起初學習之於你們也同樣具備新鮮感，回家時我會見到你們將新課本翻來翻去，甚至連寫作業也覺得有趣，然而你們這股「學習熱」並未持續太久，甚至開始毫不掩飾地抱怨起學習：「媽媽，每天上課其實有點無聊」、「媽媽，為什麼每天都有作業要寫？」、「媽媽，老師說要複習是什麼意思？」升小學兩個月後，你們偶爾會鬧一點自己的小情緒。

第一次明顯感受到你們跌宕起伏的心情，是在收到在小一期末考成績單後，你們被學習所伴隨而來的真相震撼到，卻不知該如何處理，所以我想也許是時候和你們分享，媽媽走跳人生的必備金句：「令她反感的，遠不是世界的醜陋，而是這個世界所戴的漂亮面具。」——米蘭．昆德拉《生命中不能承受之輕》(p. 287)。

雖然大人說學習不應該有壓力，但每天都有作業在追趕你；雖然大人說不要在意考試，但考前不複習真的不可以；雖然大人說成績不是最重要的，但同學、家長之間卻都在暗自較勁；雖然大人說每幅繪畫都是最特別的藝術品，但卻只有少數作品能夠晉級，等你們年紀更長甚至還會心痛的發現，世界在鼓吹夢想可貴的同時，卻又親手折斷夢想的羽翼，雙丁啊，我猜你們聽到這裡會倒抽一口氣，但這便是世界所戴的漂亮面具。

經由生活去體會漂亮面具背後所隱藏的混亂與心口不一，是成長的必經之路，這世界原本就是有正面有負面、有快樂有痛苦、有美好果實有慘痛代價的共同存在，若只接收片面資訊，極有可能導致你們對世界產生嚴重誤解，現處於學習階段的你們，經由學習了解學習背後的矛盾之處，並學習如何應對這些矛盾，我認為這是成長中的重要練習。

媽媽欣賞文學家將隱藏於世界中的種種失望與傷心用醜陋加以詮釋，但我也奉行奧地利作家斯蒂芬．茨威格的英雄主義：「認清生活真相之後依然熱愛生活」，媽媽期許自己朝此境界努力也歡迎你們一起加入：**認清學習的真相後依然熱愛學習**。

這個英雄主義是長大基本款，建議你們一定要收一組。

後記

「先做該做的事，再做想做的事」在媽媽圈造成教養轟動，但媽媽覺得這句話因為沒有註明後果，所以沒那麼貼近事實，我個人覺得「如果你不花時間做該做的事，你就要花更多時間去應付你不想做的事情」，才是一位小學生所應該認清的真相：如果不好好寫功課，你就要花更多時間訂正；如果你上課不好好聽，你回家就要花更多時間複習；如果你考前不好好複習，你就要花更多時間追上班級平均成績；如果你不……，就……（接下來你們可以自己照樣造句XD）

如果你不帶作業回家，
明天就要寫兩項作業。

註 「世上只有一種英雄主義，就是在認清生活真相後依然熱愛生活。」（德文原文：Es gibt nur einen Heroismus auf Erden und der besteht darin, das Leben zu erkennen – und es dennoch zu lieben.）——Stefan Zweig《羅曼羅蘭》，本句出自奧地利作家斯蒂芬·茨威格(Stefan Zweig, 1881—1942)所著之《羅曼·羅蘭》傳記中Kapital 35 "Die Helden des Leidens"（〈苦難的英雄〉）

☆ 想要有本書怎麼讀也不厭倦，請閱米蘭·昆德拉《生命中不能承受之輕》

學習做自己，但記得……

「媽媽，學習是為了什麼？」
「做自己，但記得……」

親愛的雙丁：

小時候我也曾和你們一樣質問過學習的意義，但當時並未獲得滿意解答，偏偏媽媽膽子也沒大到敢衝撞教育體制或反抗周圍環境，於是就這樣在不知為何而讀的時空背景下，被動地承載與接受我的求學生涯，學習態度不算特別積極。

長大後偶然接觸存在主義大師沙特「存在先於本質」的思想，媽媽是這樣理解的，人的存在有賴父母給予，無法自己決定，但人有「自由選擇」的權利，並透過這個「自由選擇」的過程，創造屬於自己的本質，為生命賦予自己的意義。然而「自由選擇」的背後有無可避免的責任與焦慮，故媽媽認為，「學習」在這個自由選擇與自我創造的過程中扮演關鍵角色。

所以媽媽也是到很大之後，才把「人為何要學習」這困擾我許久的問題，理出自己的定義——**「活著是為了要自我創造，但自我創造需要學習，而學習的方式會隨生存環境有些許時代上的轉變。」**農業時代的孩子，多半學習如何務農；工業時代的孩子，年紀小小就被派到工廠去；阿公的時代師徒制很流行，而你們剛好就生在大多數人都在學校學習的時代。

然而一旦牽涉生存，適應環境便是嚴肅問題，即便我們已經擺脫父輩那代吃不飽的問題，但生存壓力卻日益嚴峻，而我認為也是這點直接反應出現代父母的嚴重教養焦慮，所以在面對孩子學習時總是戒慎恐懼，絲毫不敢掉以輕心，因為生活是不會跟你講道理的，它只會一巴掌打醒你。（真的很痛）

所以雙丁啊，今天媽媽想將之前與你們討論過政大哲學教授林從一的「小鳥飛行說」做點補充——「小鳥這才真正知道什麼是飛翔，而飛翔是它的本性，不斷地練習是為了實現與發現本性。」——林從一《最值得過的人生：哲學爸爸給女兒的大學禮物》(p. 100)。

學習是為了發現與實現本性，也就是人們常說的「做自己」，然而我們卻無可避免地活在功利社會裡，為求生存其實只能「有限度、有選擇的做自己」，玩樂與吃苦同步進行，然而身為母親我最擔心的是，當今生活大不易，倘若你們學習之路走得太過瀟灑舒服，極有可能在長大後，被迫失去在現實世界中主動選擇的能力，

因為所有關於詩與遠方的想像，仍需建立在柴米油鹽的支撐之上，還記得媽媽跟你們說過，雖然梵谷和畢卡索同為偉大藝術家，然而人生際遇卻截然不同的故事嗎？

但諷刺的是，此點也是孩子多半不能理解學習之所以重要的原因，因為在父母的保護傘下，你們離獨立生活還很遙遠，甚至缺乏生活危機意識，也因求學過程長達10多年，無法馬上學以致用造成學習動機低落，落入不知為何而學的負面牢籠。

不過，一個人一輩子最能無憂無慮的時刻莫過於童年，媽媽也不願意你們的童年全被考試與作業填滿，所以想盡可能減輕你們的學習壓力，雖不可能無壓學習，但為守護童年，為你們爭取最大的空間，是我身為母親的盼望，所以這句話希望你們從今天開始放進心裡：「**學習是為了做自己並被世界接納，學習是為了累積自己對世界主動選擇的實力。**」（不然看你們是要把這句話貼在書桌前，還是壓在枕頭下都可以）

☆後記

雙丁啊，這年頭當媽媽的不僅要守護孩子的童年，還要考慮孩子的未來，壓力真的好大，念在媽媽一片真心的份上，你們乖一點喔～

☆想知道更多關於「努力學習的生命意義」，請見雙丁麻麻女人迷專欄：《「你都沒說過我很棒」引導式對話，告訴孩子「努力學習」的生命意義》

☆想了解更多如何幫助孩子做自己，請閱林從一《最值得過的人生：哲學爸爸給女兒的大學禮物》

天賦真的有可能發光嗎？

「媽媽，某某某天生數學就很好，所以他數學真的很強。」
「其實你只有說對一半喔……」

親愛的雙丁：

陪你們準備過一次大考，親身體驗過你們承擔的學業壓力，那種從前被考試與作業一點一滴搾乾活力的無所適從瞬間湧上心頭，雖然經過幾次教改，你們得以擺脫「背多分」式的填鴨教育，但學業壓力似乎不減反增，仍是有許多大大小小的考試與作業需要含淚面對（分不清是孩子或是媽媽的淚）。

一方面我嘗試陪你們跨越學習障礙，另一方面卻也陷入深深的自我懷疑，更擔心自己是否親手將你們送往教育的普羅克拉斯蒂鐵床（A Procrustean Bed），普羅克拉斯蒂是希臘神話中的一名強盜，也是一名旅店主人，聲稱旅店內鐵床適合任何身材的旅客，他會將綁架來的旅客綁在床上，若是旅客太矮便用機器硬將他拉長，若是旅客太高便鋸斷他的腳，總之不顧旅客的生死和意願，無論如何都要將他們打造成符合鐵床大小的人（嚇）。

媽媽不知道現有教育體制，是否也是一張普羅克拉斯蒂鐵床，太多關於教育的標準化和制度化，似乎讓所有長大後的孩子都變得很像?!但雙丁啊，你們正好是參與108課綱的一代，「適性揚才」為教育改革的重點，在重視孩子的個別性與多樣性的主軸下，或許我們還能看見一絲曙光？

「**不放棄每一個孩子，幫助孩子發現天賦並發揚光大**」是媽媽接觸108課綱後所領會的心得，乍聽之下與我所採取「學習是為了發現與實現自己本性」的立場相符，但就媽媽不算多的人生經驗裡，我個人以為「討論天賦」的灰色地帶很大，首先在天賦究竟是「與生俱來」或是「可後天培養」的論點上就有不同持方，有的人小時了了，但大未必佳；有的人人生前半場表現平平，但人生後半場光芒萬丈，所以若要把所有事都硬跟天賦扯上關係，那還真說服不了媽媽。

但我還是得善盡母職，不能讓你們糊里糊塗地長大，要想辦法發現你們的天賦，結果雙丁啊，沒想到還真有本名為《發現天賦之旅》的書，作者是人稱世界教育部長的肯．羅賓森（Ken Robinson），起初我確實有點被翻譯誤導，因為「天賦」這兩個字，上天賦予的味道頗為濃厚，總感覺後天介入的空間恐怕不多，但讀完後媽媽對於天賦有新看法，認為英文書名更能精確表達作者的觀念：**Finding Your Element: How to Discover Your Talents and Passions and Transform Your Life.**

就媽媽理解，肯．羅賓森認為天賦是先天能力與後天努力的結合，如何協助孩子發現天賦可從兩大方向著手：

1 發現孩子的特定優勢。

2 觀察孩子對哪些事物充滿熱忱。

至於如何讓孩子天賦發光，則是我個人覺得最困難的部分，除了找到先天優勢和熱情之處之外，還要透過教育和訓練將天賦與熱情結合，並在生活中加以應用與精進，因為肯．羅賓森特別提醒：就算你天生展現某方面的傾向，也不表示你自動就會成為這方面的專家。

「天生知道螺絲起子怎麼使用，並不保證你會成為木工達人。能夠輕易理解數學原理，並不會讓你成為工程師。對視覺具有敏感度，也不足以讓你成為稱職的設計師。」——肯．羅賓森《發現天賦之旅》(p. 78)。

所以雙丁啊，這樣懂了嗎？光有天賦不會發光，要結合天賦和努力，才有可能邁向「自體發光」之路！

☆後記

自從讀完《發現天賦之旅》後，我時不時會跟你們兄弟倆提醒，如果覺得自己有哪邊比別人厲害的話，一定要趕快告訴媽媽，但許久都等無消息，直到某天小可丁主動回來報告：「媽媽，我覺得我午餐都可以吃得比別人多，這應該是我比別人厲害的地方。」我也只好回以一個尷尬又不失禮貌的微笑：「嗯~很棒，愛惜食物是一種美德，但我覺得你可以開始找下一個比別人厲害的地方喔。」

☆ 想了解更多關於天賦的內容，請閱讀肯．羅賓森《發現天賦之旅》、肯．羅賓森及盧．亞若尼卡《讓天賦發光》

☆ 想了解更多關於108課綱，請閱讀藍偉瑩《教育我相信你》或雙丁麻麻在媽媽經網路平臺導讀《教育我相信你》

你應該要認識的「多元智能之父」

「媽媽，我覺得我好像沒有什麼強項耶！」
「別怕，組合就是一種強項。」

親愛的雙丁：

今天聽著姊妹淘們訴說出社會後的無奈，以及讀書之於未來不一定有用的感嘆，席間沉重的心情，連我一個沒有工作壓力的家庭主婦都無法倖免於難。

大學畢業但找不到工作，找到工作卻只能得過且過，無法學以致用是一首成人社會之流行悲歌，很多人都說教育明顯有漏洞，但又說不清楚究竟是哪邊出差錯，「學歷無用」vs「學歷至上」的教養攻防戰在社會上始終沒停過。親身經歷過升學主義，所以不想單以學業成績評斷你們的表現，但純粹聽「校」由命，想從學校一視同仁的教學系統中，尋找出你們的天賦並加以培養，對父母而言談何容易。

但雙丁啊，值得慶幸的是，除了生父之外，你們還能多認識一個「多元智能之父」，霍華德·嘉納 (Howard Gardner) 認為「智能是一組能力」，每個人身上至少存在八種能力（目前也有討論九種的版本），並用「多元智能組合」來描述一個人的獨特智力天賦，分別為自然智能、語言智能、邏輯數學智能、空間智能、人際智能、運動智能、音樂智能、內省智能。

他同時指出：「我們也該了解，教育中的智能的比重雖有改變，但並非由某一智能完全主宰，也不可能讓某一智能完全消失。」——霍華德·嘉納《發現7種 IQ》(p. 338)。

當媽媽進一步了解多元智能理論後，自己做了不專業評估，你們不妨參考看看：我的「自然智能」為中下等級，主要是因為我分不清各種葉菜類本人的模樣，或者豬肉各個部位的外觀，不過幸好菜市場的老闆都很有人情味，讓媽媽填飽四口之家沒問題；對於「語言智能」還算有自信，掌握文字的能力還可以，不過仍有待加強，因為偶爾還是有「剛剛吵架沒發揮好」而扼腕不已；說到「邏輯數學智能」應該不好不差，前因後果邏輯還算清楚，但對於數字敏感度中等，這應該是曾與數學相愛過一陣子，但沒能走到最後的最大主因；「空間智能」則奇差無比，平日拙於繪畫並不會造成生活不便利，但沒有2D變3D的能力，讓我常常打開Google map仍不知道自己在哪裡，幸虧周遭友人都對我照護有加，找到回家的路沒問題。

「人際智能」的分數不高，雖不至孤僻成性，但我確實沒辦法跟誰都聊得起來，也很怕空氣突然安靜；「音樂智能」還可以，雖沒辦法演奏什麼樂器，但能感受旋律的高低，也能聽出一首歌的酸甜苦辣，所以音樂可以感動我的心。

「運動智能」正在進步中，媽媽從小肢體便不太協調，所以早早就放棄走性感舞者路線（雖然曾經很想），但由於步入中年，開始體認運動的重要性，發現自己只要努力還是跟得上節拍，讓我生出不少信心；「內省智能」應該分數最高，因為我喜歡獨處勝過熱鬧、喜歡抽絲剝繭自己的心情、喜歡思考人生的意義。（這樣有更了解媽媽嗎？）

雙丁啊，你們不妨也從學校生活去感受一下自己的這八種智能，找到屬於自己的獨特組合，別忘記霍華德．嘉納說：「我希望能研究多元智能理論的教育意義。我認為，個人的智能情況（或傾向）應該可以從早期就辨識出來，

運動智能

空間智能

內省智能

人際智能

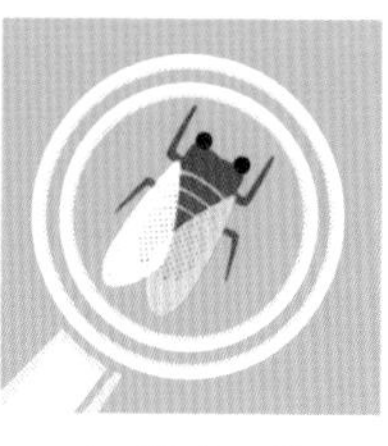
自然智能

邏輯數學智能

語言智能

音樂智能

然後利用此種知識加強個人的教育機會和選擇，讓有特殊才能的人得以接受特殊的栽培；或者讓智力不正常或不良的人得以藉特別計畫，獲得彌補的機會。」——霍華德．嘉納《發現7種IQ》(p. 9)。

後記

丁麻：「有點感嘆自己年輕時，未接觸到多元智能組合的概念，總覺得在學校找不到自己的閃光點，天賦的範疇不應只限制在國英數紙筆測驗。」

丁霸：「那你現在找到了嗎？」

丁麻：「嗯~是也沒有啦，不過這就是多元智能理論貼心的地方。」

丁霸：「怎麼說？」

丁麻：「因為周年慶賣最好的，通常不是單瓶明星商品，而是明星商品組合。」

丁霸：「想去周年慶就說，不要繞一大圈。」

對於學什麼，學校為什麼要有這麼多「規定」？

「媽媽，我超不想看這次規定的班書。」

「我知道規定很煩，但真的有必要。」

親愛的雙丁：

今天聽到胖丁回來瘋狂抱怨，說自己有多不想看這次班上的指定讀物，接著又氣呼呼地自言自語：「學校真的很煩，連看什麼班書都要規定！」沒料到小可丁馬上跟著義憤填膺：「學校規定真的很多，還要規定我們在數學課時不能寫國語?!」語畢還偷瞄我一眼趕忙澄清：「我沒有這樣喔，是某某某被老師發現。」（自己說溜的嘴，還是要自己補起來）

坦白說，媽媽也在教育體制內走過一段學習路，所以能理解你們不滿學校規定很多的心情，因為學校除了傳遞知識之外，為求管理也要求孩子服從，「沒有為什麼，就是照讀、照考、照做」的規定，時常讓你們感覺專制壓迫，尤其你們身處隨時被監控的低年級，只要在課堂中一不小心神遊，眼球未能跟著老師的教學節奏，可想而知會有什麼後果，被提醒、被處罰還算小事，一個不小心，弄到要請家長到校，歹誌可就大條了。

「**為什麼要規定孩子讀什麼，而不是讓孩子想讀什麼就讀什麼？**」這個疑問曾佔據媽媽心頭很長一段日子，尤其現在小學教育體制多了很多新選擇，有的學校維持中規中矩的教學傳統；雙語學校重視多元發展，但學習步調緊湊；新興實驗學校沒有制式課本，提供不同以往的教育樣貌；森林學校講求讓孩子身心自由發展，甚至可以不用拿筆；在家自學風潮在你們這一代取得一席之地，在現有教育體制不斷被檢討、被批評、被砲轟的焦慮氛圍裡，連我自己也不曉得，究竟該如何替你們從這些眼花撩亂的選項中做出適合決定。

媽媽自身淺見認為，討論如何選擇教育體制前，父母應該先釐清自己在教養上，是較傾向「理性主義」或「經驗主義」之價值觀？就媽媽理解，理性主義認為掌握理論、原則和公式，是獲得智慧與知識的重要渠道，是一種「站在巨人肩膀上」的思維，自從牛頓被蘋果K到和提出運動三大定律後，人類在科學上有了驚人發展，不僅直接促進工業革命、發現冥王星和天王星，甚至還啟發了愛因斯坦。

經驗主義則認為，獲得智慧與知識的渠道來自於生活經驗的各種實踐與反省，媽媽認為著名教育家杜威提出的「教育即生活」很能貼切說明此概念，讓孩子從實作經驗中去建構屬於自己的知識庫，你們小時候受過的蒙特梭利教育也是偏向如此。

然而過度重視「理論」，學習易流於形式是教育目前最被詬病之處，老師在臺上把學科套裝知識講得口沫橫飛，但臺下同學因為無感，所以通通睡成一片；但過度聚焦「實用經驗」也有其侷限性，做專題報告時最為明顯，因為孩子生活經驗有限，所以在專題內容呈現上多半大同小異，難有特殊突破和表現。雖然媽媽贊成「將學習的自主權還給孩子」，但媽媽也認為學校仍是目前提供「先驗知識 (priori)」之最佳選擇，在討論先驗知識的範疇中，媽媽傾向康德派，康德認為純粹認知 (pure cognition) 或概念 (concept) 先於「經驗」存在，必須讓「先驗知識」建構人的純粹認知或概念後，某些經驗才有可能發生，例如：理解文字所代表的概念，才有可能分辨出「在非洲經過六十秒後，我在臺灣感覺像過了一分鐘」這句話，基本上毫無意義；學會「數字」和「加法」的概念後，不需真的拿出五顆珠子和七顆珠子，就能知道相加會有十二顆珠子；或者不需要真的去死，便能明白死所代表的意義；抑或現在很主流的 steam 教育，也必須先搞懂電腦邏輯後，才能更進一步經驗「程式世界」。你們在學校被規定學習的科目中，很多都與各科目的先驗知識（先於你們經驗有關，這些先驗知識無法從生活經驗中系統化習得，但卻是日後學習的「**重要先備知識**」，所以選一個盡量能讓你們被所有知識平等對待，也有應用知識的實作空間是媽媽最後的決定，況且先前媽媽在網路上看到這句話非常有感，據說來自法國思想家蒙田之口：「人有三個頭腦，天生一個，從書中得到一個，從生活中得到一個。」對於你們三個頭腦的照顧，身為母親的我也算是仁至義盡了。（還不來幫忙搥背）

所以雙丁啊，知道為什麼要上學？為什麼學校要規定學什麼了嗎？還是不懂也是正常的，因為你們現在「生活的頭腦」暫時跟不上「讀書的頭腦」，原本的頭腦是我給你們的，所以我就不方便評論，不過媽媽相信，一旦你們理解學校規定要讀什麼背後涵義，你們的三個頭腦會運用得愈來愈好！

「認識世界需要學習，去學校是讓你們接觸各式各樣認識世界的方法，國語、英

文、數學、社會、自然、科學、電腦、美術、音樂、體育、做報告、做實驗全都可以個別成為一種認識世界的方法（一門學科知識）。」我不知道，你們未來會比較擅長或喜歡哪一種解讀世界的方法，所以你們先全都去接觸看看，看有什麼心得記得回來告訴媽媽喔。

後記

雙丁啊，如果你們還是掌握不到訣竅，不妨從「聽歌」慢慢去體會，很多我小時候琅琅上口的情歌，卻是等我長大以後，才真正聽懂歌詞的意境，有的歌就算長大聽了覺得不喜歡、不合用，但大家在唱的時候我還是大概會唱，例如：〈雪中紅〉，嚴格說來不至於全都徒勞無功啦。（我覺得康德看到我這樣詮釋先驗知識一定會生氣，我自己先道歉，對不起！）

大人說讀書沒用，可能是因為「倖存者偏差」

「媽媽，大人說讀書沒用是真的嗎？」
「對他來說是真的，但對你們還要再分析一下。」

親愛的雙丁：

「看我現在一句英文也不會，混得有比人家差嗎？」、「孩子直接去現場學都比去學校浪費時間好！」、「你們看比爾蓋茲、賈伯斯、祖克伯那麼成功不都也是輟學嗎？」，今天參加聚會時聽到某位長輩，時而慷慨激昂時而忿忿不平，發表他對於學習的個人看法，想必在座的媽媽們都略顯尷尬。（甲骨文老闆賴瑞也輟學，想跟阿伯說下次換個例子也不錯喔！）

飯局結束在回程路上，你們童言童語地問我：「媽媽，剛剛阿伯說的是真的嗎，我們去學校都在浪費時間？」我故作神秘回答：「對阿伯而言是真的，因為他已經長大了，但對你們來說還不確定，可能還要再分析一下。」胖丁緊接著問我：「我知道比爾蓋茲，但阿伯剛提到的其他人也都沒有畢業，這是真的嗎？」我回答：「真的啊，他們確實沒有完成學業，但卻都改變世界，而且他們還有個共通點，都是自己選擇不繼續上學的喔。」

「什麼？好好喔，竟然還可以自己選擇要不要去上學！」小可丁邊說邊露出賊賊的笑，我著迷地看著小可丁的笑容回答：「可以選啊！你只要可以自己負責就好，以前愛因斯坦和愛迪生還被退學但仍改變世界，所以學習不是非得去學校不可！」

雙丁啊，諸如此類令人目眩神迷的成功者現身說法，常激起你們躍躍欲試的衝動，例如：聽說班上成績優秀同學使用X牌測驗卷，所以你們也想要買X牌測驗卷；見到受歡迎的同學，因為角落生物鉛筆盒更受歡迎了，所以也跟風去買了個相似度高達 87% 的鉛筆盒；看到有同學偷帶寶可夢卡去學校沒被抓到，所以也開始認為自己應該不會被抓到。阿伯所言更是不假，社會上確實有如比爾蓋茲這類自行輟學之超成功人士，我甚至還加碼，跟你們說了幾個因為打電動而名利雙收的年輕人，也看到你們兄弟倆互相確認過的羨慕眼神（笑）。

前人的生命經驗是後人前行的燈火，我們應當取其精華以自用，但身為母親我也憂心，你們養成只關注表面證據而錯估情勢的習慣，所以想藉此提醒你們一個由美國哥倫比亞大學統計學教授亞伯拉罕．沃德 (Abraham Wald) 提出之重要概念：「倖存者偏差 (survivorship bias)」——過度關注某些經歷倖存的人事物，而忽略沒有倖存或觀察不到的部分，以致最後得出錯誤結論。

也有人稱這類未被注意的部分為「沉默證據」，讓媽媽用一則斯多葛學派哲學家西塞羅 (Marcus Tullius Cicero) 的小故事代替沉默證據發聲：由於某次沉船事故後的倖存者都是虔誠的信神者，所以人們更加堅定，只要相信神就能得到神的庇佑之立場，未料西塞羅聽到這樣的言論只是冷冷地說：「我比較想看，那些信神卻溺死的人都去哪兒了？」西塞羅想提醒人們，更應該聽聽死人說不出口的那些話。

「**是否有人用一樣的方法卻仍然失敗？**」，是一個媽媽認為對付倖存者偏差還不錯的思考模式，班上是否有同學一樣使用X牌測驗卷，但成績仍不盡理想？是否有同學擁有角落生物鉛筆盒，卻依然朋友很少？是否有同學偷帶寶可夢卡被老師抓到，結果所有卡片被沒收光光？接著我聽到你們七嘴八舌討論，某某某上次被抓到之後有多慘blabla。

媽媽還想提醒你們，有很多認定興趣很重要，決定以打電動為志業的年輕人們，最終不僅未完成夢想，甚至付出荒廢學業的慘痛代價，這些殘酷證據雖沉默，但卻也很值得你們取其負面經驗以自戒。

「激情過後，我分析我自己」，張清芳唱出媽媽心裡想要對你們說的話，**為何做出一樣的選擇，會得到截然不同的結果，隱藏於背後的重要因素，才是**

我們要深入分析的地方，X牌測驗卷口碑很好，但要有寫才有效，角落生物鉛筆盒討人喜愛，但擁有者性格怎麼樣，偷帶寶可夢卡去學校，是否被老師抓到運氣很重要，胖丁加碼表示，朋友是否有義氣也很重要。（我覺得很有道理！）

所以雙丁啊，關於阿伯的激情言論，現在下結論似乎言之過早，就算大多數孩子都做出去上學的相同選擇，也不代表能獲得相同結果，因為學習經驗不像Word可以完全複製貼上，背後仍有許多重要因素需要深入分析，幸好你們年紀還小、時候還早，慢慢分析就好，但別忘記媽媽說的，激情歸激情分析歸分析，兩者千萬不要混為一談了喔！

後記

雙丁啊，坦白說關於倖存者偏差的虧我吃過不少，比方說我買過，與我年紀相仿之韓國女星同款的保養品，想說皮膚也會跟著又透又亮，卻忽略臺韓氣候根本差很大；我年輕時也模仿過招桃花穿搭但效果很差，好了！我落入不堪的回憶裡，所以我不要再說了，反正你們要小心倖存者偏差就對了啦。（腦羞中）

讀書有沒有用，取決於你對讀書的態度

「媽媽，要怎麼知道讀書以後有沒有用？」
「真的不會知道耶，怎麼辦？」

親愛的雙丁：

最近你們很喜歡追著我問：「媽媽，學英文以後要幹嘛？學國語以後又要用在哪？學這麼多以後真的有用嗎？」我總是笑而不答，因為「人永遠都無法得知自己該去企求什麼，因為人的生命只有一次，既不能拿生命跟前世相比，也不能在來世改正什麼……，沒有任何方法可以檢證哪一個決定是對的，因為任何比較都不存在，一切都是說來就來，轉眼就經歷了第一次，沒有準備的餘地。」——米蘭．昆德拉《生命中不能承受之輕》(p. 14)。

媽媽想把上述這段很喜歡的句子送給你們，藉此提醒你們因為時間不可逆，所以做決定前別忘自我警惕；但也正因為時間不可逆，所以無須太過小心，而失去把握當下的勇氣，雖然如何應對這僅此一次、如草稿般的人生沒有標準解答，不過我們倒是可以聊聊「巴斯卡賭注 (Pascal's Wager)」。

法國哲學家巴斯卡曾提出一個討論上帝存在與否的賭博論證，媽媽是這樣解讀的：由於不確定上帝是否存在，也就是說上帝存在與不存在的機率各佔50%，所以人類有兩個選擇，一是「相信神」，為了上天堂盡可能多做好事；或者「不信神」，反正沒有神等同沒有地獄，所以看是要縱情享樂甚至是作奸犯科都可以。

但巴斯卡認為這樣考慮不夠周全，應在「祈禱、上教堂、讀《聖經》、做善事後，發現神並不存在」與「沒有祈禱、上教堂、讀《聖經》、做善事後，發現神原來存在」兩者之間做出選擇才對，巴斯卡賭上帝是存在的，雖然信仰神所需採取的實際行動，不僅辛苦還有點逆反人性，但萬一神最後是存在的，他卻因貪圖玩樂享受沒做信仰神的實際行動，導致最後無法上天堂，後者比前者所要付出的代價大多了。

「信神與否」和「上學與否」兩者之間看似毫無關連，但實際上卻有個共通之處：「未來的不可預測性」，導致我們只有「先選擇、後結果」的這條路可以走。媽媽頗能認同，有些人總結「唯有當結果發生後，才有辦法去驗證當時選擇正確與否」的這類決定，稱為為「人生賭局」。

雙丁啊，看樣子你們也正處於人生賭局之學習場域，我知道當讀到又累又倦時，會想要尋找理由和出口，但是不是能先放下「學了以後有用或沒用」的二分法去看待學習，而是先按巴斯卡一樣把這類問題想過一遍：倘若「學了以後沒用」，**你現在認真學習的態度之於未來，會有什麼損失嗎？**或者「學了以後有用」，**但你現在隨便學習的態度之於未來，可能需要付出的代價是什麼？**

人生實為一場無法預知未來的賭注，記得選勝算最大的去下注，最後媽媽想把正念大師，同時也是MBSR正念減壓創始人喬・卡巴金(Jon Kabat-Zinn)的一句話送給你們：「把眼前的事處理好，就是給未來做準備最好的方式。」

☆後記

雙丁啊，也許現在你們不懂，明明不確定結果為何還要奮力去做的道理，萬一徒勞無功豈不是白費力氣嗎？但你們知道在大人的世界裡，有一種明知道結果肯定不如預期，卻仍會奮力去做之不可思議嗎？例如：明知道電影有個悲傷的結局，但仍願意去看；明知道是場註定會分手的戀愛，但仍想去談；明知道你們長大後，我註定會很失落很孤單，但我現在仍想要對你們付出我全心全意的愛，寫到這裡媽媽突然有點累了，巴斯卡的賭注還有一些bug，有空再說，晚安喔！

如何尋找學習的快樂？

「媽媽，讀書很煩找不到快樂怎麼辦？」
「由外找不到，要不要改由內找找看？」

親愛的雙丁：

又來了，今天的你們在書桌上欲振乏力，遲遲無法振作起來，眼看我的怒火就要燒起來，未料胖丁先一吐為快：「媽媽，你不要每次都生氣，難道你以前真的覺得讀書很快樂嗎？」沒等胖丁說完，求學期間那股總是被逼的無奈與苦味在我心裡化開，讓我原本就要爆發的怒火瞬間冷卻下來。

其實媽媽能明白這種無力感，當學習成為一種交差了事，每天只是去一個被歸納為學習的場所，去執行一些被歸納為學習的動作，去完成一些被歸納為學習的目標，這種身在曹營心在漢的不得已，這種人在學校心不在的日子，要怎樣才能快樂起來。（嘆氣）

當學習和考試綑綁在一起，當學習成為與分數的廝殺，光應付每日學習進度早已疲憊不堪，就算我在旁邊大聲疾呼，可以的，你們可以在求學夾縫中找到學習快樂，連我也自覺這想法太過異想天開。所以我也曾想過，根本不要試圖與你們討論，關於「學習的快樂」這類求學階段難以體會的話題，反正有很多人（包括媽媽），也是這樣一路撐過求學過程中的那種被限制、被壓縮的緊繃感，我甚至嘗試自我催眠，憑藉著學校和家教老師的耐心督促，只要能讓你們在求學階段維持一個還OK的學習成果，只要能完成世俗眼中最低限度的育兒期待，身為母親我也算是功德圓滿。

但問題是，這麼做不僅無法將你們從學習之痛苦中解救出來，還極有可能將你們送上學習的斷頭臺！為適應現有教育體制和考試制度，老師出於無奈，只好半推半就要你們將學習資源投放於重點科目，家長迫於現實，只好選擇忽視你們對於學習的排斥和厭惡感，我很擔心受困其中的你們，因此埋下討厭學習的種子，甚至是用一種權衡利弊的功利眼光看待學習，變得有分才念沒分隨便，或者乾脆放棄掙扎，讓自己如同浪花那般，不停被拍打至岸邊的礁石上，絲毫不在意自己身在何處，又將該前往何方？倘若花十二年卻換得這樣的結果不免太令人遺憾。

但雙丁啊，在與你們討論該怎麼辦之前，媽媽想先跟你們說個關於愛因斯坦的小故事。某天理髮師問愛因斯坦：「你，身為一個絕頂聰明的人怎麼看？如果人類只能做一件事改變世界，那件事應該是什麼？」在每個人各自擁護自身立場的限制下，需要被改變的事情實在太多，光是爭論哪件事應該要先做，就可吵上三天三夜，怎麼可能單用一件事就改變世界，理髮師自覺問了個可以將愛因斯坦考倒的難題而沾沾自喜，不過此時愛因斯坦卻不慌而不忙地回：「當然有，而且你還可以馬上做！」理髮師不敢相信：「那你說說看，是哪件事？」愛因斯坦緩緩道：「先改變自己，世界就跟著改變了。」

關於這句話之分寸拿捏，老實說就連已接近不惑之年的媽媽也尚在摸索，倘若遇到任何事都要改變自己，未免太沒原則，但凡任何事皆堅持己見，又顯得太過自滿！所以如何在堅守自己價值觀的同時，對世界仍保持一種開放的態度，也許是人一輩子都要學習的功課吧，因為「人人都把自己視野的極限，當作世界的極限。」——叔本華，等你們長大會發現，媽媽將這句話貼在書桌前不時自我提醒。

所以，倘若你們學習是為了獲取高分或怕被我罵，要在這種外在動機導向的學習中找到快樂確實很難，但假如你們能跳脫分數框架，飽滿地感受到因為學了新東西，獲得一個新視角後，原有知識邊界跟著被突破、原有世界跟著被拓寬的快樂，你們便能大概抓到專家們提倡，學習請加強內在動機之精髓——「獲取新知的過程，本身便是一個取之不盡的快樂源泉。」這份由內在動機驅動想要主動探求更多的快樂，雖只可意會不可言傳，但確實非常令人著迷，不瞞你們說，這份快樂是支撐媽媽到現在仍然很喜歡看書的主因。

面對學習媽媽知道你們備受折磨，暫時無法憑一己之力改變所處環境，但倘若可能，媽媽希望你們別總將學習侷限於外在的作業與考試，而是轉由向內去享受因學習得以遇見更高層次自我之滿足感，也許礙於現況難以體會此境界，但身為母親我仍鼓勵你們朝這方向去追求看看。

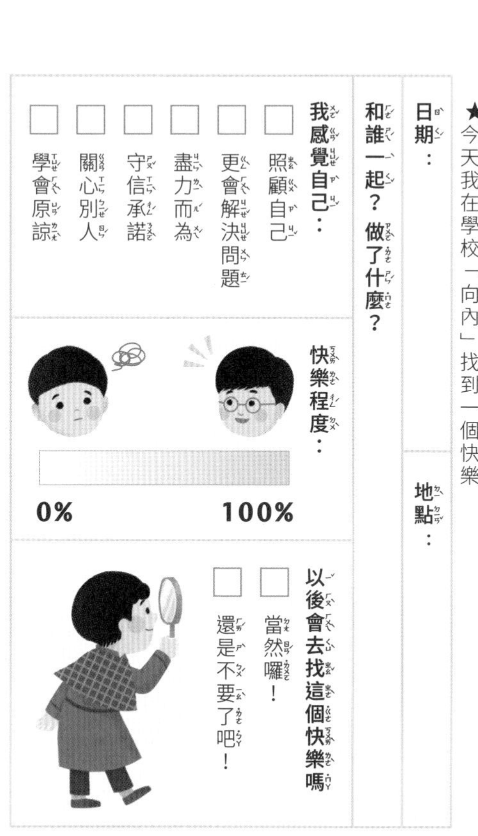

後記

雙丁啊，尼采說：「幸福是力量增大的感覺，它能克服各種阻力。」那力量從哪裡來？培根說：「知識就是力量」，所以學習就是在累積知識，累積知識亦即累積力量，不僅如此，學習還能讓世界變大，學了注音就敲開打字的世界；學了國字就進入菜單的世界；學了算數就可以享受購物的世界，所以為了你們將來的幸福著想，現在就把課本打開吧！（搭配一個銳利的眼神）

生命承受的輕與重，跟學習有關嗎？

「媽媽，……」

「今天什麼都不要問，聽我說就好～」

親愛的雙丁：

陪你們走一遍學習之路，讓我有機會回到自己成長的案發現場進行回顧，許多事過境遷的回憶又被喚醒，曾經在學習過程中的種種被迫感啃嚙心頭，想當初我也覺得學習的壓力好重、簡直不可承受，尤其現在看你們痛苦我更不好受，但身為母親我有責任要告訴你們，眼前你們想要的自由，以及不想要有學習承擔之追求，這種輕飄飄的日子也是一種不可承受，看你們突然恍然大悟，

原來媽媽前面講那麼多，是為了鋪「生命中不能承受之輕」的梗？（笑）

這是本即便我讀好多遍，也無法完全掌握的書，不過今天媽媽仍想就理解的部分講給你們聽，生命中的輕與重取決於「自由」，倘若自由那就是輕，倘若不自由那便是重，但輕與重之間的界線向來不是太清楚。

書中的主角外科醫生風流倜儻，不願被責任與承諾所束縛，喜歡周旋於不同女人之間。男主角追求一種愛情觀極為自主的輕飄飄生活，直到遇見女主角後，體會到有別於以往的愛情滋味，原有世界掀起不小波濤，他雖然很愛女主角，卻不願被她綁住，幾經波折女主角受不了他的花心主動離去，外科醫生本以為，他又可以回到以前輕飄飄的自

由生活，未料最終卻發現失去女主角的生活，頓時失去意義，成為他生命中的不能承受。

責任很煩、承擔很累、束縛很討厭，但倘若沒有這些很煩很累很討厭，生命會太輕且輕的無法令人承受，年輕時我並不太懂米蘭昆德拉想要傳達什麼，生活中少了很煩很累很討厭的事情，不是再好也不過了嗎？但有了你們後我似乎有所感悟，當你們成年後，意即對你們的養育責任也完成大部分，我再也不必為三餐奔波，再也不必負擔學費，再也不必被你們氣得半死，還能多出許多自由時間，但這種我現階段夢寐以求的日子，恐怕會「輕」的讓我難以承受，不過也不能因為這樣，就要我一直處於照顧孩子的永劫回歸中，那生命未免也太重了。（今天的防疫線上課程我要放空，誰都不要攔我）

說到這兒，媽媽似乎還未給出解方，但雙丁啊，輕與重之間的對立與兩難，直至今日人們依然爭論不休，就媽媽的觀察，若以自由程度區分輕與重，那採集時代的生活當然最「輕」，雖然生存需要仰仗大自然，但對於生活的自主性高，這棵樹的果子吃完就吃下一棵，今天下雨就不要出門，今天想去那片山頭說走就走，但顯然人類並不滿足這樣逍遙自在的「輕」生活，於是促進了農業發展。

農業誕生後，人類初次擁有與大自然對抗之能力，擺脫食不果腹、居無定所的生活樣態，但生命開始有點「重」起來，無論陰雨綿綿或烈日高照都要照料作物，再也無法想去哪就去哪，人類被反覆耕作限制住自由，但因此換來得以繁衍後代的穩定溫飽，賦予了生活前所未有的意義感，**當生命出現意義，輕與重之間的界線漸漸模糊不清**。

接著人類為節省時間，開始懂得製造工具幫忙耕作，機器的出現使得勞力被徹底解放，不再需要單靠勞力維持生活穩定，所節省而來的時間讓人類重獲自由，生活看似又「輕」起來。

於是，為追求工業進步、商業繁榮等等的意義，人類傾向更有效率的製造，發展出生產線的概念，人力開始也能像其他自然資源一樣，可被有效率的利用和管理，有相對應的價錢和產值，人類又再度面臨被機器限制自由的尷尬，人類突然意識到，生活竟然會「重」到連喘息的機會也沒有。

或許文明的進步就是一部訴說人類如何交換自由的歷史大全吧！當然這是媽媽片面的個人看法（笑），不過為想獲取更多自由所產生出的許多發明，是否會從另一面限制住人類生活？這是個值得深思的問題，試想現在我們因網路和大數據所節省而來的時間與便利，究竟讓人類更自由或不自由？（目前媽媽也沒有答案）

雙丁啊，我猜你們會想要問：「這些輕與重的生活與學習有關嗎？」對媽媽而言是有的，藉著書籍和老師的歸納與幫助，你們得以用一種史上最節省時間的方式掌握認識世界的方法，這節省而來的時間當然是自由，然而希望你們加入世界時，已掌握大多數認識世界方法之善意卻演變成學生的不自由，畢竟人類發展也有好幾千年之久，不顧你們意願又規定你們要在短短十幾年間將這些東西全部學起來，這個生命確實是有點過「重」了。

媽媽認為「找到意義感」是人類面對生命之重還算有效之作法，所以我想也許透過日常生活中，置入你們一些關於學習意義的想法，多少能幫助你們於承擔學習責任時更心甘情願些，這樣我們母子衝突也能少一點。因為「自由不是想做什麼就做什麼，而是不想做什麼，就可以不要做什麼。」——康德，這句年輕時媽媽不以為然的話，不知為何在歷經生活打磨後，現在讀來特別有感，我甚至有種體悟，當我終於接受自由是來自於某種程度上的被剝奪後，我向內感受幸福的能力是愈來愈好，也愈來愈懂得惜福。（歡迎來到大人的世界）

至於，媽媽為何花很多時間和你們討論天性，為何對於如何協助你們發現與實現本性充滿興趣，是因為我相信「一個人最好的生活就是最適合他天性的生活，如果不適合，不管這種生活在旁人眼裡有多值得羨慕，都不算好。」——周國平《只是眷戀這人間煙火》(p. 87)，但天性的發展取決於你們如何定義自己和自己，以及自己和世界的關係，這個尋找意義之過程會隨著人生經歷不同而有不同詮釋，願你們從生活之中（現在是學習），去摸索出屬於自己人生中的輕與重。

最後承如開頭所言，願你們面對外在世界保有主動選擇的實力，面對內心世界擁有感受幸福的能力。

後記

怎麼覺得這篇結束的太過正能量（驚），但想也知道你們很難短時間體會我所說的意義感，很難支撐現在的學習生活，不過這樣也沒關係，反正從我的怒吼中去支撐也不是不行。（你們最好給我好自為之～）

學習的起手式——搞懂記憶形成與大腦發展

雖然我想一路為你們擋風遮雨，
並排除成長過程中的一切困難；
但由陪讀的日子中我明白，
母親的存在並非幫你們擋風遮雨，
而是要讓你們能自己撐起保護傘。

在學習的第二站，

我們要把學習與記憶的關係找出來，

媽媽想陪著你們一同走在風雨裡，

讓你們可以自己把傘撐起來。

陪讀的方向

「媽媽，老師說下周要交×××Project。」

「那不是你的功課嗎？」

親愛的雙丁：

開始陪讀後書桌前的狀況已然層出不窮，但沒想到簿本作業在陪讀範疇中不過是一兩片小蛋糕，專題報告才是屬於我眼中的魔王級作業。（重中：這種作業蛋糕你們自己吃就好）

當我仔細閱讀完專題作業中的指定參考範例，我不自覺眉頭緊鎖：「你們同學都做到這樣嗎？」看見你們不假思索地點頭，我心中警鈴大作，這種思緒縝密、作工精美的報告，絕非出自於一個小學生之腦和手，大人肯定介入不少。

於是「介入的分寸」如何拿捏，成為我不停琢磨的問題，介入太少，成品不佳在學校臉面無光事小，但若未能在學習上讓你們得到該有的協助，同學都學會的技能你們卻不會導致學習落後，擔心你們自信心受挫；然而介入太多，學習成果中的大人色彩太濃，思緒都被我牽著走，恐又造成你們「學習依賴」之果。(兩難)

雙丁啊，目前媽媽暫時找到一個合適的解答，請容我找偉大詩人紀伯倫 **(Jubran Khalil Jubran)** 來幫忙：

天文學家或許可以與你暢談他對太空的理解，

卻無法把他的理解給你。

音樂家或許可以對你唱出盈滿天地之間的旋律，
卻無法給你掌握節奏的耳朵，或是應和旋律的歌喉。
精通數字科學的人或許可以告訴你計算和度量的方法，
卻無法帶領你到達彼方，因為一個人不能把洞察力的翅膀借給別人。
就像在神心的心中，你們是各自獨立的，
因此，你們也必須獨自認識神和世界。

——紀伯倫《先知》第十八章教育篇

詩人紀伯倫的教育觀十分打動我，最終你們將獨自認識神和世界，媽媽理所應當將學習自主權交還你們的手，況且自主學習的優點與好處不少，又能讓人活到老學到老，所以我也曾一度全然放手由你們自由摸索，但很遺憾現階段這個「教育的理想境界」完全行不通，因為一旦你們在學校跟不上或作業缺交，老師馬上就會致電關切，屆時累的還是我。（媽媽不喜歡接到老師關切電話）

所以尚未養成自律的學習習慣前，談學習的自主、自由恐怕言之過早，但感謝詩人紀伯倫提供我們一個可遵循的方向，現在為你們搭起「自主學習的一座橋」成為我們共同努力的目標，媽媽也發現眾多討論如何培養孩子自主學習之教養書籍中，蠻多書都提到「自我效能感」之概念，據媽媽了解這是由心理學家阿爾波特．班杜拉（Albert Bandura）所提出，是個體對於被賦予任務，相信自己有足夠的「認知水平」和「行動能力」可達成目標的主觀判斷，也因相信自己能達標，所以學習動機較強，遇到挫折時也較能勇於面對。

所以媽媽想，增強你們對於「讀書的自我效能感」，應能為你們搭起自主學習的那座橋吧？而且你們不覺得「相信自己有足夠的認知水平和行動能力，可以完成學習階段中所被賦予的學習任務」，聽起來超級正能量嗎？但不能光只有相信，還要具體培養出足夠的認知水平和行動能力才可以，所以問題來了，應該要如何協助你們培養呢？

關於這部分，媽媽有參考「學習風格（Learning Style）」的相關理論，就我

理解學習風格在1970年代引起廣泛討論，是一系列「針對學習者在學習新事物時的感覺偏好」之深入研究，有的人習慣用視覺學習、有的人覺得靠聽覺學得更好，有的人則喜歡靠觸覺學習，雖然這些討論褒貶不一，但媽媽仍覺得「學習風格」具參考價值，媽媽曾用Felder、Soloman教授歸納的八種學習風格（簡稱ILS量表），試圖找出適合你們的學習方法（以下為媽媽的整理）：

直覺型	感覺型
喜歡探索學習內容的各種關聯性（跨時空），偏好學習原理、概念或理論，抽象思考能力強，較不喜歡重覆、講求熟練度的學習方式。	喜歡學習和真實世界結合或相關的內容，偏好學習事實、資料或實驗，透過固定方法學習的成果較好。
反思型	**主動型**
行動前需要先想一下，喜歡透過獨自思考和判斷的方式進行學習。	偏好先做再說，利用實驗與觀察等行動結果進行學習，喜歡團體合作與討論。

不只穿衣風格需要多多嘗試，
學習風格更需要喔！

視覺型	喜歡透過圖表、圖像、流程圖等視覺化資訊學習。
連續型	偏好循序漸進的學習方式，喜歡透過邏輯性的步驟尋找答案，例如看整篇文章時，習慣用讀懂每個句子的方式理解文章。
口語型	喜歡透過文字或口語的解釋方式（例如演講）學習。
總體型	偏好透過整體性理解掌握學習全貌，以跳躍式思考的方式學習，例如看整篇文章時，習慣用找大意的方式理解文章。

比方說最近外公送我們一臺微波爐，媽媽偏好上網看 youtuber 實際示範說明去了解如何使用，但爸爸則偏好自己看說明書並實地動手操作看看，不過學習風格也就是一種自己喜歡的接收與理解訊息之處理方式，並無好壞之分，而且使用這些工具時也要小心「福瑞爾效應 (Forer Effect)」——誤認某些一般性的敘述是為你量身打造的。——肯．羅賓森《發現天賦之旅》(p. 89)，不要自己對號入座，失去改變的動力。

雙丁啊，有空記得和媽媽做這份問卷了解自己的學習偏好，慢慢找出適合自己的學習風格喔～

★ VARK 問卷

後記

雙丁啊，我覺得有必要重申，媽媽之所以決定陪讀的原因，起初確實是捨不得你們飽受學業之苦，結果現在卻弄得，明明是你們的學習之路，卻一路上都有我的狀況（驚），但我先聲明我可以陪讀，陪讀路上苦一點我也可以，但苦太多或苦太久我是不行喔，所以要把自主學習設為目標，趕緊找到適合自己的學習風格當成我們的共識喔。（聽到了沒！）

☆ 想了解更多讀書自我效能感，請閱韓國最具權威的學習心理學專家教授朴民根《沒有不會讀書的孩子：【讓每個孩子都發光】修復讀書傷害，正向點燃學習欲望。》

國字練習請定時定量

「媽媽，國字一定要練熟嗎？」
「要，否則認知負荷太高就當機了。」

親愛的雙丁：

今天一早我就跟你們說：「今天是媽媽外公的忌日，我要回去拜拜，你們早餐吃快一點喔。」你們眼神迷濛動作緩慢地回應：「好～」，十分鐘後見你們像是睡醒了，我開始交代你們一些日常瑣事，小可丁邊聽邊吃著早餐與平時無異，但對阿祖還有些微印象的胖丁卻小聲地問：「媽媽，你外公是那個記不得我是誰的那位老人嗎？」

「嗯～對，我外公生了一種關於記憶的病，所以他不是故意忘記你的，他很愛我，我相信他在天堂也會像愛我一樣地愛你們。」語畢，我別過頭假裝要收拾碗盤，實則是希望能藏住眼底突然泛起的一陣酸楚。

當時媽媽少不經事，並不知曉阿茲海默症之威力竟會如此強大，不僅讓外公飽受折磨，也讓陪病家屬們承擔了龐大照護壓力，於此也想特別感謝舅公一家人的付出。然而或許是因為這樣，媽媽開始涉獵相關書籍，也因此獲悉「認知儲備」這個概念。

據媽媽了解，認知儲備（cognitive reserve）是由美國哥倫比亞大學神經科學家亞科夫．斯特恩（Yaakov Stern）提出之概念，意指透過腦部的使用和訓練（心智鍛鍊、認知刺激）促進腦神經細胞間產生更多連結，幫助人們增加「認知儲備」。科學家相信足夠的「認知儲備」可以有效對抗年老或疾病所帶來的腦部變化。

好消息是你們正大量浸淫在「認知刺激」之學習階段，「認知儲備」對你們而言問題應該不大，反而「認知負荷」才是媽媽眼中急需解決的大問題，不過這方面牽涉到複雜的「認知心理學」——研究人是如何習得、記憶、應用訊息和知識的一門學問，所以我也只能就理解部分和你們討論。

你們都有過視窗開太多導致電腦當機之經驗對吧？因為RAM（暫存記憶體）不夠所以電腦跑不動，同理，**人腦中負責訊息輸入與輸出之工作記憶，容量也是有限的，所以大腦若是同時需要處理太多資訊也會當機**。

就媽媽理解，可將「工作記憶」想成是「一個需要隨身攜帶但容量有限的小包包」，小包包在日常生活扮演舉足輕重的地位，裝在裡面的資訊能被短暫儲存為工作記憶，舉凡對談、閱讀、計算或是學習新事物時都需要用到，所以小包包裡裝什麼很重要，裝了數字和加法概念後，大腦才有辦法進行計算。

媽媽筆記

（以下整理自《國家地理雜誌：記憶力》、《國家地理雜誌：大腦潛能》）

工作記憶讓人們可以進行需要「記住許多資訊」並加以運用的活動，

例如：買東西、烤蛋糕、玩桌遊等等，但若太長時間不從事相關活動便會忘記這些內容。

工作記憶與長期記憶（long term memory）中的非陳述性記憶（nondeclarative memory）有所區別，例如：開車、游泳和寫字等等，進入長期記憶中的活動多半會了就是會了。

也就是說，媽媽不可能記得一個月前我去超市買了什麼，或是重玩很多年沒玩的桌遊要重新玩時，我還是要重新翻閱遊戲說明書。看著你們一副搞不清楚我在說什麼的臉，我只好請你們拿出一張紙記下媽媽現在所說的話，你們發現了嗎？已經很熟練的國字，你們可以很輕鬆地跟上我的語速並抄寫完整，但遇到不熟的國字你們就會卡住，若我不停下來等你們想出來，繼續維持正常語速念下去，後面的字你們就算會寫，也是寫得七零八落慘不忍睹。（讓我們一起迎接大腦當機的感覺，笑）

現在少抄一兩個字看似不要緊，然而隨著小三以後上課的知識量逐漸加深加廣，抄筆記之能力顯得格外重要，大腦要理解老師的授課內容已經很費力（輸入），還要趕緊抄下重點（立馬輸出），要是你們有太多國字不會寫，在工作記憶容量有限的前提下，當機機率保證暴增。（上課當機，下課怎麼開機？）

倘若你們還是鐵齒不信，不妨想想你們現在為何不喜歡閱讀字數多、內容難的書，因為光辨認生字已耗費掉你們太多「認知資源」，大腦早就累到無法負荷，無法處理理解文意這類屬於高階思考的東西，無法高階思考，學習效果自然不可能會好。

認知心理學家認為「新學內容」結合舊有經驗（先備知識）去理解，能有效降低「認知負荷」，這個過程仰賴「內在認知工具」和「外在認知輔具」是否精熟。媽媽認為大人世界是講求掌握多少 know how，小學階段則是掌握「語言運用和符號表徵」之能力，也就是低年級正在培養的讀寫算基礎，讀寫算基礎對於日後學習中要進行的高階思考有著非同小可的影響力。

所以雙丁啊，學習還是要按部就班並定時定量，最忌考前臨時抱佛腳，這頭大象送給你們，願你們三不五時自問：「要如何吃掉一頭大象呢？」接著請自答：「一次吃一小口，慢慢吃。」同理可證「要如何準備期中考？」答案是：「一天準備一些，剛剛好。」

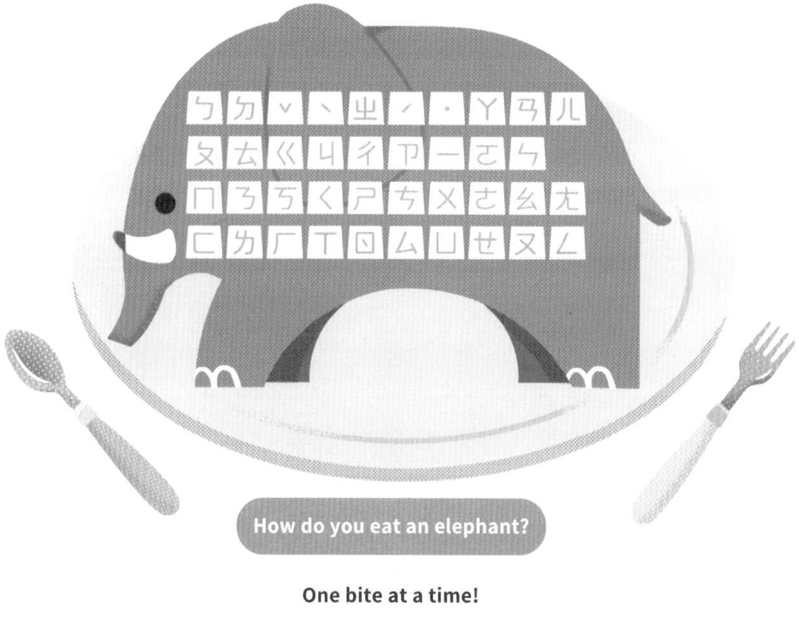

How do you eat an elephant?

One bite at a time!

後記

雙丁：「媽媽，你剛剛工作記憶筆記那邊，為何忽略烤蛋糕這個例子？」我盡可能裝作若無其事：「因為蛋糕用買的就好了啊！」實則是因為我根本就沒有憑實力烤過一個蛋糕，我就不是走廚藝那掛的賢慧媽媽嘛~（扭）

但我是很愛嘮叨的那款老母（挺）：「媽媽耳提面命過很多遍，我們家的人只能未雨綢繆不能臨渴掘井，所以為了不讓你們未來筆記本一片空白，國字練習請定時定量。」

☆ 想了解更多認知儲備概念，請見美國哥倫比亞大學神經科學家亞科夫．斯特恩 Yaakov Stern 學術個人網站

☆ 想了解更多關於記憶如何在腦中運作的知識，請閱《國家地理雜誌：記憶力》

什麼！媽媽叫我擦掉重寫（淚）

「媽媽，那國字要練到怎樣才可以？」
「應該要練到像 ××× 那樣。」

親愛的雙丁：

理想與現實的中間彷彿有片汪洋大海，媽媽很想知道要怎樣才能不讓你們的淚流向海？原以為對於小一期中考後的「國字之亂」，我們可以老神在在，未料我們三人就這樣莫名其妙地被打敗。（我的中年之淚跟著流向海）

首先是個性溫和的胖丁，光是在寫國字的過程中，就不曉得發過幾頓脾氣：「媽媽，我明明已經會寫這個字了，為什麼還要一直重複寫那麼多遍？真

的很無聊耶！」回想那段每每打開國語習作，親子間張力便異常緊繃的日子，簡直是親子界比悲傷更悲傷的故事。（不願再回想）

接著我又一次被「自以為」狠狠教訓，而且這次災情更加慘重，小可丁的眼淚根本就是大把大把地流向海，本想說借助胖丁的經驗，陪小可丁寫國字時，應可以更駕輕就熟一點吧，誰知道……？

起初看到小可丁的作業時我還鬆一口氣，因為你國字寫得還不錯，正當媽媽安慰自己總算苦盡甘來時，我卻猛然發現，為了讓字寫起來工整好看，你會以畫圖的方式，在作業格的相對位置上畫出字來，完全將筆順拋在作業本之外，你這番國字操作把我嚇壞，逼不得已我只好把作業通通擦掉要你重來，可想而知辛辛苦苦寫完的作業，就這樣被我毫不留情的擦光光，你的淚自然是聲嘶力竭地流向那片作業海。（小包衛生紙都不夠用）

小可丁啊，看你哭成這樣，我也問過自己有必要做到這樣嗎？身處網路世代的你們，往後打字機會比寫字還多，何苦要為了筆順問題頻頻跟你鬧翻，何不睜一隻眼閉一隻眼日子更好過，省下來的衛生紙還能好好用，但小可丁很抱歉，我必須捨得讓你難過，你筆順錯幾次我就是會擦幾次。（疼愛你的長輩都請先借過）

因為筆順學習與「工作記憶」有關，你們記得工作記憶是一個容量有限、必須隨身攜帶的小包包吧？就媽媽所知，工作記憶有個曾轟動一時的原則，是由心理學家喬治・米勒（George Miller）所提出的「神奇的數字7加減2規則」，當一個人接觸新事物時，每次大約只能記得五到九件事。

這論點與光光老師對於低年級家長的提醒不謀而合，光光老師指出國字練習一次能記得七至九個筆劃已是極限，筆劃一旦超過十一劃，就會開始出現記憶困擾，倘若低年級不把基本筆劃練到精熟，中、高年級會遇到很大的麻煩。

比如哥哥昨天在寫「象」和「澡」兩個字，雖然象筆劃較少，但哥哥卻覺得比較難記，澡這個字筆劃雖多，但哥哥寫起來很輕鬆，原因在於國字屬於部件的組合，「澡」這個字可被大腦拆解成氵、口、木三個儲存的腦連結組（後面解釋），大腦反而不覺得難。

再者，洪蘭教授也提出：「筆順是除了形音義外，另一條進入大腦的路。」並強調寫字屬於肌肉記憶的一種，就媽媽理解，肌肉記憶屬於長期記憶中的「非陳述性記憶」。

媽媽筆記

（以下整理自《國家地理雜誌：記憶力》、《國家地理雜誌：大腦潛能》）

長期記憶有兩種：陳述性記憶 (declarative) 與非陳述性記憶 (nondeclarative)，非陳述性記憶通常與意識無關，但會在行為中以不明確的方式表示出來，例如：寫字、騎腳踏車或游泳，是一種講求習慣化與自動化的記憶。

可把長期記憶想成是「一間看不見盡頭的大倉庫」，被精挑細選過的記憶才能進入，這個精挑細選的過程為「接收 (receiving)→編碼 (encoding)→固化（儲存）(consolidating and storing)→提取（再固化）(retrieving and reconsolidating)／遺忘 (forgetting)」

雖說媽媽對大腦沒有深入研究，但卻被這論點說服，因為現在叫我隨機寫出一個字，我其實不太需要經過思考就能直接寫出來，這個自動化的過程即為「筆順」，所以字是否工整好看，不是媽媽在意的重點，筆順正確與否才是。（你們不要一直放錯重點）

所以小可丁啊，那天你梨花帶淚地邊寫邊問：「那我國字要練到怎樣才可以？」我耐著性子陪你：「大概練到像綁鞋帶那樣就可以了，你一旦會綁，就算有人邊跟你說話你還是能綁，所以你要把筆順練到像綁鞋帶一樣，知道嗎？」接著你輕輕點點頭，感覺像是有聽懂，我見機不可失連忙趁勝追擊：「是每個字都要練到像綁鞋帶一樣喔！」然後又見你眼眶突然盈滿淚水～（緩緩再把衛生紙遞給你）

後記

小可丁啊，我知道你在我的監督之下，別無選擇只能被我擦掉，但媽媽跟你說，人生中最堅強的時刻，往往都是別無選擇的時刻，媽媽態度強硬是為了替你守住底線，不是為了要擊潰你，這樣才能讓你以更好的姿態，繼續走學習的路，所以不要討厭媽媽喔~

☆ 想知道為何胖丁寫國字，爸爸卻不能回家的血淚史，可詳閱雙丁麻麻女人迷專欄《「不喜歡的事卻要重複好多遍」讓孩子「快樂學習」是有可能的嗎？》

☆ 想知道為何還是要寫字，可詳閱遠見雜誌洪蘭《寫字，不能被取代的價值》

☆ 如何教孩子筆順，可詳閱親子天下奇威專注力教育中心執行長廖笙光《孩子寫字老是寫錯？教好幾遍還是少一筆、漏一劃？其實問題出在這⋯⋯》

想專心，請與「注意力章魚哥」打交道

「要怎樣才能專心？」
「請你們去討注意力章魚哥的歡心。」

親愛的雙丁：

每當你們寫作業漫不經心時，我總會忍不住絮叨你們「要專心要專心」，但你們似乎很難接收到我愛的叮嚀，隨著你們主見愈來愈強，甚至開始懂得反抗：「我就有專心啊，你幹嘛一直說我不專心。」（媽媽是用來愛的不是用來吼的耶）

陪讀時諸如此類的衝突多到不行，身為母親我深知不能再繼續這樣下去，否則總有一天，我們會因為陪讀輸掉親子關係，所以我打算好好解決彼此之間對於「專心的認知差異」。

首先你們必須了解，所有想專心的人都一定要與這位「注意力章魚哥」打交道，因為大腦中有關注意力的區塊歸它管，有很多研究已證實和注意力章魚哥相處融洽者，多半學習狀況和成果也會不錯，因為注意力集中對學習任何東西皆很有幫助，注意力章魚哥之概念是媽媽從芭芭拉．歐克莉等人所著之《學習如何學習》這本書看到的，我把理解部分整理給你們，接下來你們要認真聽喔。（內容由腦連結一章節中 p. 147 至 p. 160 整理）

注意力章魚哥很有個性，想跟它打交道必須學會投其所好：

- 它只有在人專心時才會啟動工作狀態。
- 它一次大約可高效工作十五分鐘左右。
- 它在工作時一次最多只能揮動四隻觸手。
- 它擅長讀取「被編碼過的腦連結組」。

＊＊＊

據統計它最多一次可讀取五十個腦連結組。

它主要在「前額葉皮質＝大腦暫存空間」上班。

它主要負責處理工作記憶（working memory）。

專有名詞太多讓你們聽得一臉懵懵（可愛），所以讓媽媽用你們每天都在學的生字，試著大膽舉例，注意力章魚哥擅長讀取「被編碼過的腦連結組」，但它無法只透過「理解」產生腦連結組，所以光聽課是寫不出生字的，必須透過反覆練習，例如：寫作業、考試或其他生活應用形成「腦連結組」，簡言之就是你們平常哀哀叫的事。

學會如何寫撇（丿）、橫（一）、捺（㇏）後，「大」這個國字就算編碼完成，經由重複練習「大」就會被注意力章魚哥儲存為腦連結組，注意力章魚哥喜歡抓「大」勝過抓撇（丿）、橫（一）、捺（㇏），看你們聽得似懂非懂，所以媽媽決定再舉一個例子：有了點（丶）、豎（丨）之概念後能寫出「忄」這個部首，注意力章魚哥將「忄」部首儲存為腦連結組後，往後遇到所有和「忄」字部首有關的字，注意力章魚哥讀取的就是「忄」，而非點（丶）、豎（丨）、點（丶）三個筆劃。

以媽媽的理解，若你們想寫出「憶」這個字，建立忄、立、日、心腦連結組後，對注意力章魚哥而言，「憶」就不是一個超難的十六筆劃國字，而是由四個部件（四個被儲存的腦連結組）組合出來的字。（還記得光光老師說過，筆劃超過十一劃就會出現記憶困擾嗎？）

然而，每天注意力章魚哥要處理的資訊實在太多且容易睡著，所以養成喜歡抓「訊號強的記憶」之慣性，對它而言重複練習次數愈多，形成的腦連結組訊號也愈強。所以你們總算明白為何生字都要重複練習了吧？是為了迎合注意力章魚哥的喜好，而非媽媽的喜好！（總算還我一個公道）

而新教的生字你們多半覺得很難、很卡也是正常的，因為注意力章魚哥必須想辦法，用四隻觸手將新學的東西形成腦連結組，但你們若能按部就班，好好協助注意力章魚哥完成腦連結組，往後學習自然輕鬆很多。

不諱言，這個重複練習過程枯燥乏味，但卻是強化「工作記憶」的有效手段，對注意力章魚哥而言，腦連結組愈多解決問題愈輕鬆，當「憶」形成一個腦連結組時，要你們寫出「記憶」這個造詞時，它啟動的就不是言、己、忄、立、日五個腦連結組，而是「記」、「憶」兩個腦連結組。（抓兩個一定比五個輕鬆）

所以不管你們情願與否，這枯燥乏味的過程非得撐過去不可，因為唯有被編碼過後的腦連結組，才有資格被送入長期記憶，還記得工作記憶是一個隨身攜帶的小包包嗎？這個小包包雖然容量有限，但和看不見盡頭的大倉庫（長期記憶）有連線功能，注意力章魚哥隨時可把儲存在大倉庫中的資料調出來使用。（特別注意：儲存單位為被編碼過的腦連結組）

這一系列不可描述的記憶過程，我們日後有機會再聊，但若未能將國字送入肌肉記憶（長期記憶）裡，往後你們在寫短語、寫造句甚至小作文等等，這類還需要牽涉到理解複雜概念的學習時，恐怕會發生更多不可描述的悲劇。（小聲提醒：還記得人腦當機的感覺吧？）

因為注意力章魚哥一次就是揮動四隻觸手，若你們的章魚哥觸手只能抓到撇（丿）、點（丶）、豎鉤（亅），這樣造句時會發生什麼事？應該造不出來，若連句子都造不出來，那往後想要表達清楚任何概念，恐怕都是難上加難了。（雙丁啊，聽媽媽的話，歹路千萬未凍行好嗎？）

至於為什麼不喜歡你們學習時分心，是因為一旦在學習過程中分心，意即奪走注意力章魚哥的一隻觸手，每分心一次它便要更換一次觸手，更換觸手的次數與它疲憊指數成正比，學習效果自然大打折扣，所以在學習中我們要刻意避免這類狀況，若是你們忘記「怎樣才算夠專心」的話，不妨去看一下由美國心理學家西蒙斯(Daniel Simons)與夏布利斯(Christopher Chabris)提出的隱形大猩猩實驗影片，數數看白衣人總共傳球幾次，不專心是數不出答案的喔～(強烈建議和孩子一起看一遍，讓孩子知道何謂專心的新高度)

而且媽媽跟你們說，「當某項任務被完全中斷時，得花超過二十分鐘才能完全回到之前的狀態」——克里斯．貝利《極度專注力》，這種狀態稱作「注意力殘留」(attention residue)，據實驗人在執行工作或任務時，一旦分心或受到干擾，平均要花二十二分鐘才能重回工作狀態。(驚)

所以媽媽講了這麼久，你們也該好好琢磨自己要跟注意力章魚哥保持怎樣的關係了吧？

紅色章魚哥

- [ ] 完成一項作業未中斷
- [ ] 滿意自己的作業品質

黃色章魚哥

- [ ] 邊玩（看電視）邊寫作業
- [ ] 寫作業時眼神時常飄移別處

藍色章魚哥

- [ ] 作業還沒到一個段落就休息
- [ ] 科目間替換頻率高

(EX： 寫數學兩題後又想寫兩個生字，還沒做完一直換來換去)

後記

雙丁啊，後來發現你們常在不同的注意力章魚哥之間徘徊遊走，沒辦法和最理想的那隻章魚哥好好穩定交往，很多時候看你們挑錯學習伴侶我心急如焚，但愈是瘋狂地想要拆散你們，往往愈適得其反，後來索性眼不見為淨，但要求你們自行承擔後果，若你們今天選擇妨礙你們學習的伴侶，那也表示你們的自由時間就會少一點，所以究竟你們會不會成為學習渣男呢？就讓我們繼續看下去。

☆ 想了解更多「注意力章魚」請參考芭芭拉．歐克莉、泰倫斯．索諾斯基、阿利斯泰爾．麥康維《學習如何學習》

☆ 想了解更多「提升專注力作法」請參考克里斯．貝利《極度專注力》

☆ 隱形大猩猩實驗

畫重點，請用誇飾法！

「媽媽，畫重點之後呢？」
「請你放感情再想一遍。」

親愛的小可丁：

你向來就是個天馬行空的孩子，思考模式有點異於常人，常常讓我不知如何是好。

還記得有天我們全家一起散步經過一個大池塘時，胖丁不經意地問：「媽媽這池塘裡有魚嗎？」我望著平靜的池塘水面：「我不知道耶，我只知道魚不可能活在陸地上。」胖丁：「對啊，因為魚是用鰓呼吸，一離開水魚就會無法呼吸，但魚離開水幾秒後才會停止呼吸，我還要再查一下。」胖丁說得頭頭是道幾乎無懈可擊，未料你馬上接著說：「還要去查太麻煩了，因為陸地上有貓，所以魚當然只能活在水裡啊！」說完還露出一副得意洋洋的臉。（你這樣說媽媽不能算你錯，但好像就是有哪邊怪怪的）

日常生活中這樣天馬行空的你顯得特別可愛，但準備考試時你也這樣跳tone的話，那可就準備要吃苦頭了，你明明才剛升小一，課文量應在可負荷的範圍裡，所以媽媽覺得陪你摘錄和整理重點應該不難，起初為使你了解每篇課文中都有所謂的重點概念，我先帶著你一邊辨認重點一邊用螢光筆標記起來，這部分你表現得可圈可點。（為你掌聲鼓勵）

然而畫完重點後我隨即問你：「剛剛畫了哪些重點？」你卻遲遲答不出來，雖然你用微笑掩蓋，但不知所措的心思仍從你眼神中洩漏出來，雖然你的微笑確實動人可愛，但在學校走跳光有可愛不夠，所以就算我試著理智地想要控制呼吸，放鬆自己緊繃的神經，卻總忍不住高分貝地問你：「到底剛才畫的重點是什麼？你現在就給我說出來！」（剛剛的可圈可點就這樣憑空消失?!）然而沉澱過後又會想你不過才小一，確實不該對你太過嚴厲，為了不要嚇壞你，媽媽頻頻告誡自己切勿操之過急。

你與我於陪讀期間，因為喪失記憶力所造成的尷尬和冷場不知有多少，諸如此類的悲劇頻繁到連我都不禁懷疑，你是否患有「選擇性記憶力喪失」的問題，或是我壓根沒把「記憶力」生給你，據說魚腦的記憶也可持續七秒耶！但小可丁你先別氣餒，你是我的親生骨肉，肯定是人腦無誤，但把你生成這樣，我好歹也是該負些道義責任，所以我們一起想想辦法好嗎？

小可丁，雖然閒暇之餘你很喜歡翻閱課外讀物，但打從媽媽開始陪讀起，我便隱約察覺你對課本興趣缺缺，你不必驚訝我為什麼知道，因為媽媽一直都看著你。（手比眼睛）但讓我頗感欣慰的是，你還算聽話，願意乖乖跟我坐在書桌前，按照我的要求畫重點和抄重點，但也許這就是問題所在。

小可丁啊，你還記得記憶是如何形成的嗎？「接收↓編碼↓固化↓提取再固化／遺忘」。

經學校洗禮，你已培養出機械式畫重點之技能，只要老師說：「這邊很重要請你畫起來」，你會二話不說，馬上打開角落生物螢光筆畫好畫滿，但實則對學習內容不感興趣，所以有畫等於沒畫，有讀如同沒讀，大腦其實並未「接收」到學習內容，也就是說你光在「記憶的第一步」就卡住，後續的記憶流程根本通通都不用談了。

所以媽媽想從「接收」這邊開始調整，用 SEE 原則：感官 (sense)、誇張 (exaggeration)、賦予能量 (energize)——凱文．賀斯里《國際記憶冠軍的編碼器：快速轉化儲存大量資訊，提高學習與工作效率的超級大腦擴充術》(p. 57)

SEE 原則讓媽媽想起「記憶宮殿」之概念，很多能背出圓周率小數點後超多位，或記得一大堆撲克牌順序的記憶高手，皆會「建造自己的記憶宮殿」強化記憶，據媽媽了解「記憶宮殿」是把要記憶的內容，與自己熟悉的場景或擺設做連結，連結時愈誇張愈好，因為大腦透過五感（視覺、聽覺、觸覺、味覺、嗅覺）接收訊息，接收時動用的感官愈多記憶就愈穩固，最後透過回想熟悉場景，大腦可一併把連結之記憶回想出來。

小可丁啊，上述聽不懂不要緊，回想一遍我們讀 A trip to Washington, DC 時，一起把課本上的簡單地圖變有趣的過程就可以，首先旅遊巴士會帶著我們逛華盛頓州（畫一個蘋果，因為很常聽到華盛頓蘋果），到了第一站看了兩個不知道是什麼的A4紙（畫兩張問號A4紙），白白的A4紙讓你想到第二站要去的白宮（白色的房子），突然有個叫 George Washington 的人出來跟你 say hello（畫招手），他自我介紹時說他是美國的第一個總統，華盛頓州的名字是因他而取，他平常都在白宮工作（畫一個人 working），美國總統工作要按照法律規定，所以華盛頓州是美國制定法律的地方，至於剛剛那兩張A4是美國的第一個法律（憲法）和獨立宣言。

小可丁啊，媽媽也不是要你每次畫完重

點，都要採取拍電影的高規格回想模式，不過SEE原則和記憶宮殿的方法提供給你，為你畫的重點加點色彩和圖像，搭配誇張一點的動作，「重點」馬上栩栩如生起來，聽說這樣放感情的畫重點會記得比較好喔！（何況天馬行空也是你的強項不是嗎？）

後記

小可丁啊，我知道你現在覺得寫功課和讀書很痛苦，但我跟你說，痛苦都是比較出來的，等你長大以後就會明白，「看」別人寫功課和讀書更痛苦！而且有苦還不能言，有多憋你知道嗎？

☆ 想了解更多SEE原則，請閱凱文・賀斯里《國際記憶冠軍的編碼器：快速轉化儲存大量資訊，提高學習與工作效率的超級大腦擴充術》

做筆記來串記憶珠珠

「媽媽，課文好多要怎麼全部記起來？」
「我們要用做筆記來串記憶珠珠。」

親愛的胖丁：

今晚是我們照例複習英語課文的時間，未料今晚的課文又長又難，內容為一個發生在南美洲與月亮有關的傳說故事，大約有十來頁之多，更可怕的是整篇課文以詩歌方式寫作，除了有很多倒裝文法與押韻單字之外，還有隱喻藏在裡頭，隱喻還是我問過你的家教老師後才知道，坦白說連我一個大人都覺得超出負荷，要不過才小二的你獨力完成實在太困難。

你雖被我壓著讀完，但小小臉蛋寫滿無奈，由於今晚我們的複習氣氛不是太愉快，於是待你入睡後，我又悄悄走進你的房間，想要摸摸你熟睡的小臉蛋，接著又不自覺輕輕撫平你的小眉毛後，在你耳邊小聲呢喃：「今天對你很嚴格，希望你不要介意，祝你今晚不要夢到媽媽，可以一覺到天亮喔」，出房間後我輕嘆一口氣，自覺心情仍難以平復，於是我特意留了小字條在你的書桌前：「面對遺忘這場戰役人類註定終將是敗兵，但你要相信這些『勝者的訓練』還是有用的。」

胖丁啊，關於抓重點、做筆記我帶你做的相關練習不少，但今晚太過慘烈的戰況，彷彿先前的練習皆派不上用場，看著宛如喪家之犬的你，媽媽的心也跟著揪起來，但你知道嗎？就算被打擊，你的耳朵仍像柴犬那樣挺拔，看上去依舊充滿男童氣概。（帥）

還記得媽媽提過，將短期記憶變成長期記憶是一系列不可描述的過程嗎？這奧妙又複雜的記憶脈絡雖然書上都有，但媽媽至今仍無法全讀懂（糗），不過我認為有些關於大腦的研究讓你知道也不錯。

媽媽筆記

（整理自《國家地理雜誌：記憶力》）

如何將短期記憶變成長期記憶有兩個重要理論：一個是由理查・阿特金斯 (Richard Atkinson) 和理查・希佛林 (Richard Shiffrin) 提出的「多重儲存模型」(multistore model)，若短期記憶能反覆出現並能夠形成「編碼」，也就是不斷進行或產生與接收資訊有關的行為，能有效幫助大腦形成長期記憶。

另一個則是由法格斯・可雷克 (Fergus Craik) 及羅伯特・洛克哈特 (Robert Lockhart) 提出的「處理層次理論」(levels of processing theory)，此理論說明記憶可經由不同方式形成，並提出如果你對某件事物的意義思考愈多，就愈容易將它儲存為長期記憶。

順便再複習一遍記憶形成的方式：「接收↓編碼↓固化↓提取再固化／遺忘」。

上述兩個理論說明「將記憶進行編碼」對於形成長期記憶十分重要，課文內容需要理解，這個理解的過程對大腦而言就是「編碼」，但若隨意亂編對大腦未起到「進行重複或產生意義」之作用，那整個編碼過程也是枉然，大腦很快就會跟這些課文Say goodbye，但編碼之概念對你不容易，所以**我每次都用「串記憶珠珠」替代，一個筆記或一個概念，就像是一個記憶珠珠，你必須用自己的話把它串起來**。

媽媽筆記

（整理自彼得·C·布朗、亨利·L·羅迪格三世、馬克·A·麥克丹尼爾《超牢記憶法：記憶管理專家教你過腦不忘的學習力》）

詳細闡述（elaboration）：利用自身的方式表達新的素材，並將它與已知的東西連結起來，因而賦予新素材意義的一種過程。愈能解釋新學到的東西與先驗知識的關連方式，對於新學到的東西就了解的愈穩固，而且你創建的更多關連性，將會幫助你記住這些新知識。

所以胖丁啊，目前我們大致是用這四種整理筆記的方法陪你「串記憶珠珠」（產生意義與更多關連性）：**解釋關係、因果關係、時序關係、對比關係，用問題代替重點的方式，是為了幫助你日後提取記憶。**（以下例子內容取自胖丁課本“Scott Foresman Reading Street Common Core Grade 3.1” SAVVAS LEARNING COMPANY, 2016)

解釋關係

主題：風是如何產生的？	
現象、原理	風的流動 地球旋轉 空氣流動
解釋、定義	熱空氣上升冷空氣下降
例子	煮東西時往上冒出來的水蒸氣超燙

因果關係

主題：月亮掉落的那個晚上發生了哪些事？	
主角	Luna月亮
開頭（原因）	Luna失去平衡墜入海裡，成為一片片的銀色碎片，所以她很傷心。
過程（發展/轉折）	海裡的小魚們幫助月亮 1.把泡泡吹成有趣的形狀讓月亮微笑 2.帶月亮去欣賞海底風景 3.月亮想起自己曾對風說的話：你是勇敢和聰明的，問你自己應該做什麼。
結果	月亮回到天空，請小魚們來當銀色膠水，也就是銀河的由來

時序關係

主題：　美國總統林肯的重要事蹟有哪些？	
人物	林肯
生平	1809 出生於只有一個房間的窮困家庭 1816 七歲時搬到印第安那州，開始農場工作 1837 成為律師　（誠實的性格） 1860 成為美國總統
重要成就	1861-1865南北戰爭 北方反對黑奴　（north no） 南方贊成黑奴
貢獻	解放黑奴

時序關係

主題：皇帝企鵝如何哺育Baby？			
特色：	戴黃色項鍊		
過程：	Momy下蛋 Daddy孵蛋 Momy覓食 Daddy照顧蛋 Baby出生 Daddy叫媽媽回來 Momy餵食物 Daddy覓食 六個月後企鵝Baby獨立 五年後企鵝找伴侶		
對比：	Daddy	Momy	Baby
	Brood Patch Huddle	Rookery	Creche= Nursery

胖丁，我知道這種規格的筆記整理，對小二的你確有難度，很多時候你只想要把重點背下來，足以應付考試就好，媽媽也認同直接背起來確實較省時又省力，但長遠來看這樣的學習方式對「記憶」不利，所以我每次總動用母親威權壓著你把筆記整理完，我明白這樣的作法會讓你很煩，但你要能不厭其煩，因為人腦是無法跟電腦比記憶力的，所以成長於網路世代的你，如何辨別、挑選、排序、整理重點，絕對是比死背硬記更重要的學習。（至少媽媽是這樣認為）

我知道你今天累壞了，但看到十來頁的課文被串成一顆顆記憶珠珠很有成就感吧！媽媽相信你做得到，而且媽媽也會陪著你，所以一定要加油好嗎？考前要準備的範圍太多，用筆記複習遠比課文好，雖

然做完筆記後還是有可能忘記，但這「勝者的訓練」能於未來鍛鍊出屬於你的王者風範，而且我們所剩時間不多，媽媽最多只能陪你到小四，所以你要趕緊把握還能與我共同串記憶珠珠的時光。（幹嘛露出悲傷的臉，你老母，我本人身體還好得很，只是想做點別的事不可以嗎？）

後記

胖丁，學習總有撞牆期，但「撞牆又怎麼樣，反正我一定會把牆撞破！」媽媽可都是抱著這樣的決心陪你讀書，你也要一起才行。（不然我一個人撞很痛耶～）

☆想了解更多記憶理論，請閱《國家地理雜誌：記憶力》

考試打結的話怎麼辦？

「媽媽，萬一考試我頭腦打結怎麼辦？」
「不要怕，打結才能把記憶珠珠留下來。」

親愛的雙丁：

今天大學考試放榜，本應是考生解脫的日子值得大肆慶祝一番，然而媽媽卻在滑臉書時看到一則令人心碎的貼文，詳細字句媽媽記不得了，大意為某位成績優異的孩子未能如願考上醫學系，放榜後精神崩潰，最後住進了療養院。（相信他的媽媽肯定很傷心）

當我把這則貼文看完，空氣中彷彿瀰漫著一股難以言喻的窒息感，令媽媽開始呼吸困難，即便媽媽知道考試不應是人生的全部，雖然社會上從不缺乏反對考試的聲浪，但大部分的機構或是單位，仍是用這樣的機制篩選人才，因為從現實層面衡量，比起其他選項，考試還是相對公平的篩選機制。然而當大多數人都必須通過這樣的篩選機制進到人生下個階段時，身處遊戲裡的人們便沒得選擇，不論賽制為何只能主動熟悉規則，還得自願報名，否則就會失去遊戲資格。（嚇到你們了嗎？）

所以雙丁啊，對我而言「究竟該用何種心態陪你們面對考試？」一直是我心中一道難解的教養難題，學習與考試不應是你們人生的全部，但若現在就將學習與考試逐出你們人生之外，難保失去這份競爭力的你們，在面對未來時會失去更多。（媽媽真的好難）

但由於我實在太過不知所措，所以這道教養難題也就暫且被我擱在一旁，日子似乎也是一天一天過，直至某天命運安排我們與《超牢記憶法》有場美麗的邂逅。這本書是由十幾位認知心理學家長達十年研究所得到最有效的學習法，起初媽媽是抱著或許有新的記憶方法能幫助你們學習之心態去閱讀，未料書裡頭針對考試所做的許多研究，反而引起媽媽的興趣，書中認知心理學家們為「考試」賦予的新意義，讓我迫不及待想和你們分享。

雙丁啊，還記得記憶形成之方式嗎？「接收↓編碼↓固化↓提取再固化／遺忘」。

書中許多研究明確指出，考試對於大腦有「提取再固化記憶」之雙重功效，起初讀到這部分媽媽也是充滿不解，畢竟從前受的考試折磨並不算少，在我的既定認知裡，考試之於考生向來都是敵對立場，不摧殘考生就不錯了，哪有可能還幫得上考生的忙？

但認知心理學家們透過書中的各項研究佐證，考試時透過回想讀過的東西寫出正確答案之過程，對「提取記憶」有奇效，更因考試時大腦通常用盡洪荒之力作答，大腦運作區域相對較多，所以「固化記憶效果」也隨之增強，**媽媽也是三十年後才恍然大悟，原來考試的另一個存在意義，是為了幫助人類學得**

更好、記得更牢！

於是我趕緊將你們兄弟倆呼喚到我身邊：「你們還記得串珠珠到最後，為了不讓珠珠掉下來都要做什麼嗎？」喜歡小手作的小可丁馬上回答：「要打結！」我刻意提高音量：「對！就是要打結，所以考試也是在幫你們記憶珠珠打結，不打結記憶珠珠就會往下掉，讀的東西也就跟著不見，雖然考試很討厭，但對記憶是能幫上忙的喔。」

起初，乍聽我的這番瘋狂言論，胖丁其實有點不以為然：「所以你的意思是說，考試是在幫忙我嗎？」為了取信於胖丁我耐心解釋：「做筆記是用自己的話串記憶珠珠，但記憶珠珠串完也要幫它打

結，回想內容能幫你的記憶珠珠打結，考試其實就在回想內容，你不覺得考過的東西通常比較不容易忘嗎？」

胖丁，雖然目前看不出來，將記憶珠珠打結的說法對你產生什麼影響，但某天小可丁卻捧著複習卷問：「媽媽，那我提前寫一張考卷，是否就表示記憶珠珠被我打結兩次？」小可丁啊，既然你都捧著複習卷走到這裡了，我也不好於此時往你頭上澆冷水，所以我用無比認真的態度配合演出：「對喔，每回想一次就打結一次，考試前你自己多打幾次結，你一年級的記憶珠珠一定串得比哥哥牢！」

雙丁啊，媽媽這樣應該不算說謊吧，就算有也是善意的謊，你們總有一天會明白的。（吐舌頭）

☆後記

本想說針對考試給你們一個健康心態，別讓你們的童年被考試綑綁，誰料你們兩個小兔崽子，在面對考試時之態度還真的給我一派輕鬆，不檢查就給我交考卷（握拳），所以從今天起媽媽對於考試追加新規定，因為我目前不打算將考試逐出你們的人生之外，所以考試仍然佔據你們人生，蘇格拉底有言：「沒有經過檢查的人生不值得過」，所以「沒有經過檢查的考卷也不值得交」。（刻意忽視你們的哀號聲）

☆想了解更多關於記憶的研究，請閱彼得．C．布朗、亨利．L．羅迪格三世、馬克．A．麥克丹尼爾《超牢記憶法：記憶管理專家教你過腦不忘的學習力》

休息的幼兒用戶實測報告（上）

「媽媽，為什麼妳休息的時候都要去泡澡？」
「因為我泡的不是澡，而是大腦切換模式。」

親愛的雙丁：

自從決定陪讀一段路後，媽媽透過涉獵相關書籍了解，學習已發展出許多有別於過往認知的方式，甚至更進一步發現在各門各派的學習方法中皆提到一個共通點，這點引起我的高度關注：**不管是哪種學習方法皆提到「想要學的好，切換大腦模式很重要」**。

目前媽媽的理解如下，大腦在學習時所應用的部分，專家常以「心智彈珠」作為解釋，心智彈珠需要「被啟動」學習才有可能產生，而心智彈珠被啟動之關鍵在於「高度專注」。（所以專心有多重要，需要媽媽搭配嚴肅臉孔再說三遍嗎？）

雙丁啊，你們對電動彈珠檯還有印象吧，發射後的彈珠不停撞來撞去的過程好比學習中的大腦，而進入學習模式的大腦還可細分成兩種模式：「全神貫注在學習的專注模式（針對性）」及「放鬆不刻意思考的發散模式（全面性）」。

一旦進入「專注模式」，前額葉皮質層會針對想要學習的事物提取大腦中過去與之相符經驗並產生連結，你們可將這部分的大腦運作想像成彈珠檯上排列緊密的圓樁（大腦提取出來的概念），為了鞏固概念間的連結，心智彈珠會不停在圓樁間撞來撞去。以胖丁最近學習的乘法為例，專注模式會將大腦中與乘法有關（已學過）的概念提取出來用以解題，多做幾次練習後會發現解題速度變快，是因心智彈珠在各圓樁間連結愈來愈穩固的關係。

也就是說「專注模式」是大腦將不熟練的事物轉往熟練之重要過程，但缺點是易讓思緒在固有模式中打轉，導致學習無法突破的侷限，這種學習卡住的感覺想必你們應該不陌生吧？通常遇到這類狀況我們傾向放空對吧？就是離開正在做的事，而去做點其他不相關的事，原來這種讓大腦暫時休息一下的方法是有科學根據的，移開注意力任由思緒神遊的放鬆狀態有助大腦進入「發散模式」，科學家也指出此時心智彈珠檯上的圓椿排列會較為鬆散，目的就是為了讓大腦在不同區塊間進行概念連結，幫助大腦切換成綜觀全局的思考方式。**在專注與發散兩種模式之間的轉換，在學習過程中扮演極其重要的角色且缺一不可。**

雙丁啊，你們還記得寫小作文或算數學鬼打牆時，通常放生課本一兩天後問題也往往迎刃而解，這種「突然想出答案」的背後正是大腦「**先專注後發散**」的威力。至於如何幫助大腦進入發散模式，專家提出了幾個建議，例如散步、泡澡或是亂塗鴉等等，除此之外「做家事」也是經專家認可的優質選項喔！

後記

所以雙丁啊，往後作業不會寫沒關係，去做家事以後就會了，另外我也在此特別強調媽媽喜歡泡澡和喜歡叫你們做家事，都是為了幫助大腦，有科學根據的，OK？（得意口吻）

☆想了解更多專注模式與發散模式可參考：芭芭拉．歐克莉《大腦喜歡這樣學：先認識自己的大腦，找到正確的思考路徑，就能專注、不拖延，提高記憶力，學會如何學習》

休息的幼兒用戶實測報告（下）

「媽媽，為什麼看手機不能當作發散模式的放鬆？」
「因為那感覺上有休息，但實際上大腦沒有休息。」

親愛的雙丁：

起初媽媽和你們一樣認為發散模式即放鬆，對於「休息是為了走更長遠學習之路」的想法深信不疑，然而歷經三個多月的用戶實測結果，我隱約察覺有不對勁之處：有些放鬆方式似乎會讓你們休息後就停在半路，甚至走不完當天的學習之路？（慌）

原來關於「發散模式中的放鬆」媽媽的了解明顯不足，於是當我更深入了解後，發現雖然「看卡通、打電動或上網」是放鬆，「亂塗鴉、運動或洗澡（發呆）」也是放鬆，不過這兩類活動對大腦而言卻截然不同，前者的聲光刺激多且節奏快，大腦下意識需要做出的「反應」多，也就是說這類活動雖能讓人在心情上感覺充分放鬆，但實質上大腦還是很累的在運作。

更甚「看卡通、打電動或上網」類的放鬆活動，對回家後時間有限，但交功課有期限的你們還有個致命缺點，容易因為太專心看卡通或打電動，讓自己的大腦進入另一個與寫作業無關的專注模式，短時間內啟動兩個專注模式的活動，反而讓大腦負荷加重造成「休息反被休息誤」的悲慘後果。

所以雙丁啊，看來我們需要依據你們的實測結果調整寫作業時的放鬆方式，坊間關於如何進入發散模式的放鬆方法有不少建議可供參考，你們還記得我們曾共讀過數學家阿基米德因為泡澡得出浮力定律的小故事嗎？這其實正是「先專注後發散」學習模式切換的一個極好例子，也與創造力研究專家霍華德．格魯伯 (Howard Gruber) 曾提出的3B理論：睡覺 (bed)、洗澡 (bath)、坐公車(bus)為發散模式中優質選擇之理論不謀而合。

目前媽媽整理出三大原則提供給你們作為學習模式切換的參考，你們再看看如何搭配才能搭出最好的學習成效，之後記得彙報用戶實測心得給媽媽喔！

- 「遠離3C和文字」才是真正適合大腦的放鬆選項。
- 若當日學習任務還未完成，請慎選放鬆活動。
- 若後面還有待完成項目，放鬆時間不宜太長。

後記

雙丁啊，我們嘗試過各式各樣的學習模式組合，目前覺得「寫作業＋隨意塗鴉」為你們的黃金學習組合，但你們或許有別的想法（大笑中），不過全家最能持之以恆的莫過於媽媽了，所以由媽媽來擔任你們的學習觀察家最為合適啦。

連連看

- 英文單字還有兩個背不起來
- 今天作業又多又難寫不完
- 今天所有作業都完成了
- 做完數學題目但還沒訂正
- 生字作業寫完一半
- 自行討論兩個寫作業情境
- 自行討論兩個寫作業情境

- 看卡通或打電動
- 簡單家事(ex摺衣服)
- 隨意塗鴉
- 散步或運動
- 吃個小點心或水果
- 自行討論兩個放鬆情境
- 自行討論兩個放鬆情境

☆ 想了解更多「發散模式」，請閱楊大輝《深度學習的技術：2週掌握高效學習，立即應用》

☆ 想與孩子共讀阿基米德與浮力，請閱周姚萍等27位兒童文學作家《100個傳家故事》海底城市篇

心智圖的威力

「媽媽，心智圖到底可以做什麼？」
「認真要聽？那我要認真講喔～」

親愛的雙丁：

自學校有 Project 作業後，你們開始接觸心智圖，然而「心智圖的發想過程」卻讓你們感到無比痛苦，更時常寫到一半瘋狂向我求救：「媽媽，老師說要寫出四個分類，可是我只想到一個，怎麼辦？」為減緩你們對心智圖抗拒排斥的心理，所以我打算和你們聊聊，關於心智圖你們還不知道的事。

我先問你們：「你們有想過心智圖的英文為何是 Mind Map 嗎？」沒想到

你們卻用嫌棄口吻回我：「那很重要嗎？」聽到你們鄙夷的態度，我知道此路不通只好趕緊換另一個問題：「那你們知道古希臘時代的人們都怎麼開 Party 嗎？」也許是聽到 Party 這個關鍵字，你們態度稍稍和緩，於是我接著往下說……

據傳他們通常會請詩人朗誦一首詩為 Party 拉開序幕，不過有次 Party 卻發生嚴重的坍塌意外，導致許多人因此喪生，由於大部分屍體皆面目全非無法辨認，迫於無奈人們只好懇請當時的詩人西蒙尼德斯 (Semonides of Amorgos) 盡可能幫忙回想賓客名單，結果這位詩人記憶力過人，僅僅靠著重建這座建築物的格局，以及回想賓客當時的所在位置，拼湊出所有參加名單，據傳這種以「空間和位置」為主的記憶方法成為中世紀眾多記憶術的核心，許多記憶高手愛用的記憶宮殿法，甚至是當今主流的心智圖概念也與之有關。

雙丁啊，不曉得這樣你們能大概體會「空間、位置與記憶」的關係非同小可了嗎？心智圖中最重要的主題 Topic，源於古希臘語 Topikos（某地的意思），Mind Map中的Map，甚至是常見標記重點的連結詞，首先(First place)、第二點(Second place)、第三點(Third place)，也都與「地點」有關。（驚人吧～）

「心智圖」之所以愈來愈被世人推崇的原因，除了英國學者東尼伯贊(Tony Buzan)的大力推廣之外，媽媽認為最主要的原因仍是在於心智圖「位置發散」的特性，比起傳統筆記更加符合大腦演化的方式，在尚未有文字出現的遠古時代裡，人們需要仰賴記憶地點之正確性，才有辦法外出打獵或採摘果實，所以大腦中與空間有關的記憶自然較為發達。

再者，已有許多與記憶相關的科學研究證實大腦喜歡編碼過的記憶，心智圖中的分類概念便是將「記憶按照自己理解知識的方式進行再編碼」，放射式但分層的格式能有效「將新、舊知識作緊密連結」，就媽媽理解心智圖對大腦而言，是一個「將新知識點放入舊有認知框架中」的有效工具，而這個方式正好符合大腦記憶的方式，至於現在你們認為最難的「分類」，對記憶而言更是扮演著關鍵地位。

剛好最近我們正在搬家，所以讓媽媽能對你們進一步解釋，當我們把東西從舊家搬到新家時，按「功能」收納絕對比按「時間」收納效果好，雖然我們一周之間搬了好多趟，但我們不會將東西按照「搬家時間的前後」隨意地堆放在新家中，反而會按物品的功能屬性重新整理擺放，例如：不管是哪一天搬過來的書本，通通都應該擺到書房，或者就算箱子裡同時擺了廚房和書房用品，依然也需經過分類擺到正確位置，否則日後會很難找到想要的物品。

同理，大腦的記憶也需要將它做「分類」管理，這樣才好方便日後提取，但這和你們從學校接收知識的方式不同，今天教一點、明天再教一點的方式，對大腦而言較傾向按時間在分類，所以你們不時會說：「對啦，這個老師上周有教過。」但這種方式能記住的容量其實是有限的。

心智圖則偏向按「功能」在分類，而這個分類往往需要靠自己想出來，所以過程中多半都要很專心，這幾個條件對於記憶皆很有幫助，這也是為什麼心智圖被公認對學習和記憶助益頗大，也有很多專家表示在科技代替人記憶的網路時代裡，心智圖實為「將不同知識連結與整合起來」的一個超有效工具，所以你們不要討厭它嘛。

話說回來，你們不覺得心智圖看上去錯綜複雜的網絡模式，其實很像腦神經中的突觸嗎？（完全沒反應XD）

按照功能種類整理物品

按照搬家時間整理物品

☆後記

雙丁啊，故事聽完了，也該開始做正事了吧（把心智圖拿出來），最後在讓我們複習一下心智圖的重點：

1 A4橫放
2 決定主題
3 決定分類
4 只用關鍵字
5 放射性但分層思考（按顏色區分）
6 加入圖像

☆更多關於記憶術的沿革發展，請閱喬許．弗爾《大腦這樣記憶，什麼都學得會》

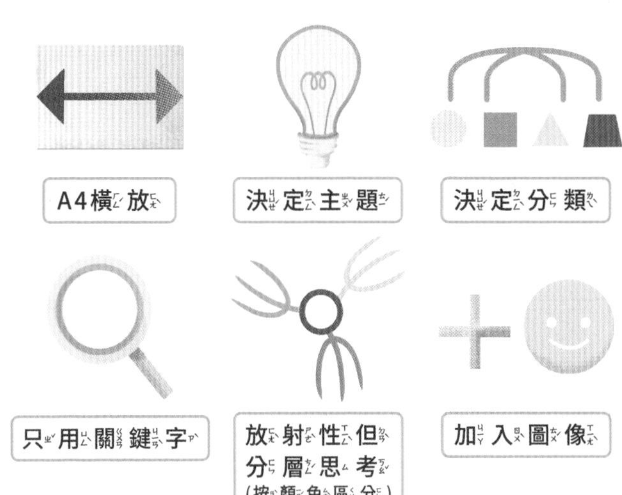
A4橫放
決定主題
決定分類
只用關鍵字
放射性但分層思考
(按顏色區分)
加入圖像

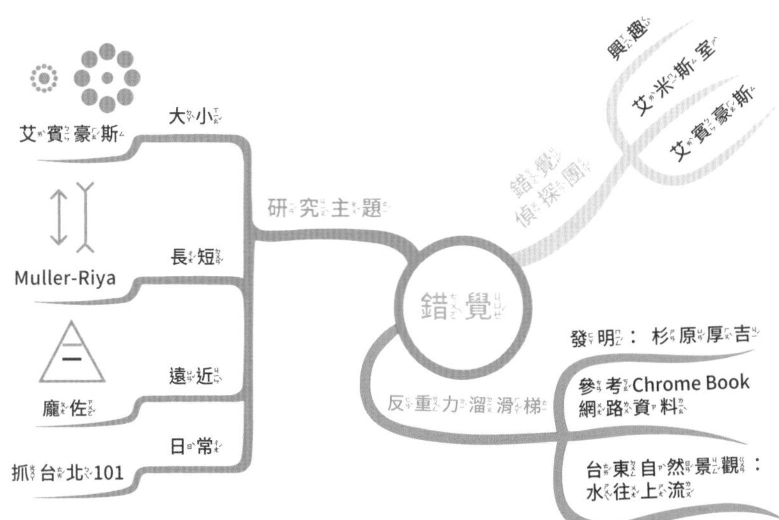
錯覺
研究主題
大小
艾賓豪斯
長短
Muller-Riya
遠近
龐佐
日常
抓台北101
錯覺偵探團
興趣
艾米斯室
艾賓豪斯
反重力溜滑梯
發明：杉原厚吉
參考Chrome Book
網路資料
台東自然景觀：
水往上流

身為數位原住民，你應該要知道……

「媽媽，我們……」
「我知道你們想說什麼，但先聽我說。」

親愛的雙丁：

雖然媽媽盡力防堵3C產品過早進入你們的生活，但今年的防疫線上教學成為你們進入數位世界的正當理由，儘管在我控管之下，你們仍只能有限度的使用網路，然而卻絲毫不影響你們成為強大搜尋引擎的信徒。

起初你們像是發現新大陸一樣難掩興奮：「媽媽，我只要打前面幾個字母，後面就會自動出現我想要的單字，網路也太強了吧！」接著我最擔心的事情也在你們接觸網路不久後發生，某天你們小心翼翼地向我試探：「媽媽，如果 Google 都能自動出現我想要的單字，那我們還要像以前那樣一字不漏地背單字嗎？」

雖然我曾刻意延緩這個問題的到來，但心裡也明白該來的遲早要來，儘管這個問題來得如此之快出乎我意料之外，但如今網路大門已對你們敞開，事到如今我也無法再阻攔，只好就所知部分對你們據實以告，希望能幫助你們做出對自己負責任的判斷。

我用眼神示意你們坐好並改用正經語氣：「媽媽並不否認網路對於記憶的好處，不過關於網路媽媽確實有些事情想和你們說，因為老實說媽媽還不確定，在你們這個時代單字應該要背到什麼程度，但我想先問你們還記得蚱蜢都怎麼跳嗎？」估計是被我認真的態度影響，所以你們也開始認真回答：「它們一次可以跳很高，而且好像都不是原地跳的樣子。」

沒錯，身為數位原住民的你們，由於從小浸淫在數位文化新奇快速、隨手可得、轉瞬即逝的環境中，導致你們專注力不停被「外界刺激」分散，注意力不斷被「外界干擾」淹沒，「蚱蜢心智」(Grasshopper Mind) 更成為當代愈來愈普遍的現象，雖然坐不住、無法專心太久的特性，明顯對於學習和記憶不利，但強大的搜尋引擎卻又成為你們得以與之對抗的最佳武器，數位時代的學習與記憶，將如何被數位媒介獨有的特性改變，成為當今許多研究的重要議題。

各種統計與數據無不顯示，網路世代的人們為史上單日吸收最多文字量的一代人，許多專有名詞以及專業知識憑藉網路得以更有效率地傳遞出去，許多知識藩籬在網路世代紛紛被打破，人類得以用一個前所未見的進程高度發展，然而媽媽卻也從新聞中得知，賈伯斯和比爾蓋茲，甚至是許多矽谷的

科技大老，這些致力在網路科技中求新求變的重要人士，卻不約而同地限制孩子使用 **iPad** 的年齡，甚至紛紛將孩子送往一個沒有網路的學校度過青少年時期。

聽到這邊胖丁狐疑地問我：「如果網路很好，為什麼他們不讓自己的孩子使用？」聽到胖丁的問題我十分欣慰地表示：「你的這個問題非常好，但這個問題目前沒有答案。」媽媽只能確定面對數位文化的洗禮，你們是首當其衝的一代，網路似水能載舟亦能覆舟，就連專家也不確定3C將如何改寫孩子的童年與未來，一切只能邊走邊看。

但我能與你們分享媽媽的觀察，儘管網路促使知識取得之便利性增加，但也恰恰是這個便利性，使得愈來愈多的孩子宛如一個空洞的知識容器，雖受惠於電腦與網路擺脫死記硬背之苦，需要記憶的東西相較變少，但記憶功能的退化導致孩子無法在學習上更上一層樓，將知識內化的能力明顯倒退許多，在單字記不熟的狀況下，大人該如何進行概念的引導？在缺乏知識根基的條件下，大人該如何鼓勵孩子進行深度和批判性思考？諸如此類的問題，媽媽至今也仍在尋求解方。

雖然針對這個議題我們尚未得出結論，但你們千萬記得媽媽的再三叮嚀，**在數位世界裡要讓什麼參與自己的人生，請把選擇權握在自己的手裡，請務必成為數位世界中的主人而非奴隸。**

後記

雙丁啊，身為數位原住民的你們，連感知世界的方式都與我差很多，那天我看到你們亂七八糟的書桌忍不住發牢騷：「你們兩個桌面也整理一下好不好，超亂的耶！」未料你們兩個下意識打開筆電回我：「會嗎？我覺得我的桌面很整齊啊。」見狀我嘆口氣接著說：「媽媽說的是書桌上的桌面，不是筆電的桌面啦。」然後你們突然恍然大悟：「喔，那你下次要特別說書桌桌面，不然我們都以為是筆電

啦！」時代在變，連桌面意指的意義也大不相同，連媽媽也快跟不上了。（苦笑）

☆ 關於蚱蜢心智和數位時代心智發展特性，請閱瑪莉安．沃夫《回家吧！迷失在數位閱讀裡的你：認知神經學家寫給螢幕時代讀者的九封信》

☆ 數位時代的可能解決之道，請閱雙丁麻麻女人迷專欄《「假如我的孩子只看抖音長大」──一位母親對3C世界的感想與建議》

學習的重頭戲——複習

雖然我想成為一位溫暖的母親，
只用溫暖的言語擁抱你們。
但你們走一段學習的路才知道，
學習中有一種難是堅持好難。

在學習的第三站，

媽媽想陪你們一起知易行難，

所以動起來好嗎？Go！

與複習最浪漫的約定

「媽媽，要怎樣複習？」
「從說 Yes I do 開始。」

親愛的雙丁：

之所以開始介入你們的複習，或許算是一種情勢所逼。

想你們不過才小一小二，但一次月考範圍真的嚇死人，課文、文法和數學等等都先擺一邊，光國語一課國字基本十五個起跳，一次考六課，英語一周十個單字，一次考七周，也就是說一次月考需熟記九十個國字和七十個英語單字是「最低學習量」，若沒有養成按部就班複習的習慣，可想而知這些量累積到月考前兩周才讀的話，就算你們衝刺到天荒地老也不可能消化得完。

然而每每提起複習你們總是心不甘情不願，甚至還會給我擺張臭臉，因為「複習」是一項不會出現在聯絡簿上的作業，對你們而言就是一份額外作業，學生最討厭的就是額外作業，所以在你們對複習抱著高度偏見的狀況下，不論我如何跟你們溝通複習之重要性有哪些，基本上效果有限但衝突卻無限。（身為母親，我容易嗎？）

雖然在你們年幼之時和你們談成功學並非出於媽媽的本意，但基於不想和你們有太多衝突的情況下，媽媽想和你們聊聊「複利效應」。就媽媽理解作者戴倫哈迪（Darren Hardy）強調：想獲得成功的人必須明白，這是一條需要「長時間努力」去實踐的艱辛道路，然而努力的過程往往枯燥無比令人想要放棄，雖然許多人認為成功是基於人生中幾次重大選擇之結果，但哈迪在書中用好多例子說明人生是由大大小小的選擇所構成，一連串小而聰明的選擇，與一連串小而糟糕的選擇會造成截然不同的結果，作者呼籲大家重視生活中無關緊要的決定，因為小小累積經過時間推移也能造成驚人之果。

所以媽媽試圖編故事解釋複利效應給你們聽：有三個學生資質、家境都差不多，但學習態度上有些微不同，對於每天老師指定的五格國字作業，至少要寫三格的要求，A完成四格，B會把五格通通完成，C寫完三格，雖然A、B、C的作業通通符合老師規定，但你們認為隔天考試這三個學生誰會考的最好？

「當然是B」你們異口同聲回答，「錯！A、B、C都考同分」，聽到我的回答後你們大吃一驚，但真相即是如此，只有一天複習或不複習對於學習並不會造成差異，但我繼續問：「經過八天以後，A、B、C各共練習了幾次？」剛好學到乘法的胖丁很快計算出A、B、C分別練習了32、40、24次。

故事到這邊，你們對於落差的感受仍不是太明顯，所以我繼續把時間拉長為一個月（三十天），A、B、C分別練習的次數為120、150、90次，雖然B每天只多練習一格，但得知經過一個月累積所造成的懸殊練習次數後，你們的感覺總算與我同步，減少許多對於複習的抗拒。

但雙丁啊，原以為聊過複利效應後，我們的複習之路便可暢行無阻，未料你們偏偏就是不給我按照劇本演出，理智上你們知道複習所帶來複利效應之好處，也同意每天堅持十分鐘並不辛苦，但當心愛的玩具、好笑的漫畫、美味的零食或發呆放空對你們發出呼喚，你們往往就這樣被誘惑牽著走，就算事後你們真心懺悔，但隔沒幾天又故態復萌。（難道你們身處誘惑的家？）

看來只好請出媽媽心中最能抵抗誘惑的男人「尤利西斯」來幫你們下定決心，尤利西斯是希臘神話中大智大勇的英雄，傳說特洛伊木馬屠城記中的大型木馬便是出於他之巧思，有關他的傳說很多，其中媽媽最喜歡這個版本，有次當他打完仗，在帶領族人們回家的途中，需經過一片由 Siren 掌管的水域，Siren 是一名迷人卻致命的女海妖，專門以優美動人的歌聲迷惑水手們偏離航道，傳言聽到 Siren 歌聲的人沒有一個不被迷惑，並從此葬身大海深處。

尤利西斯自知肩負重任，所以決定由他單獨力抗 Siren 並指引全船返家航向，為杜絕同船水手們被 Siren 迷惑的可能性，要求他們用蜂蠟塞住自己的耳朵，但尤利西斯內心明白，單靠他獨身一人是無法抵抗 Siren 的，所以和水手同伴們約定將他綁在船桿上，無論航行途中如何掙扎或痛苦，務必不能將他鬆綁。果然當船隻航行過 Siren 所掌管的那片水域時，尤利西斯不停顫抖拼命想掙脫繩索，但水手們按事前約定將他綁得更牢，與 Siren 一番奮戰後，尤利西斯總算平安帶領大家度過這片致命之海。（聽完故事你們隨即露出驚嚇的臉）

放心啦，媽媽也捨不得把你們綁在書桌前，但尤利西斯「下定決心」的高度你們要有，所以往後無論你們如何耍賴或賣萌，約定就是約定，沒有按時複習就是要提早上床十分鐘，媽媽會像尤利西斯的同行水手般嚴格遵守。（絕不鬆綁）

不過話說回來，你們不覺得尤利西斯說：「Yes I do，請把我綁起來」，同船水手回：「Be with you，都聽你的。」這種約定超浪漫嗎?所以往後當你們說：「Yes I do，我要複習」，媽媽當然要效法地回：「Be withyou，就緊跟

著你。」（盯到底）

原來只要下定決心，複習也可以很粉紅泡泡。（來，我們來打勾勾）

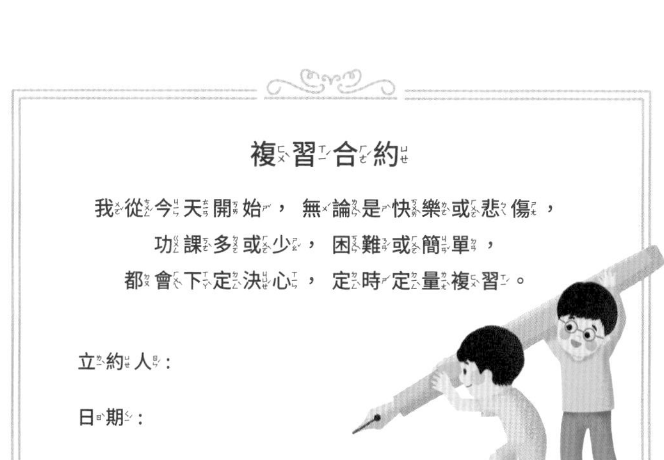
複習合約

我從今天開始，無論是快樂或悲傷，

功課多或少，困難或簡單，

都會下定決心，定時定量複習。

立約人：

日期：

後記

雙丁，誘惑隨處可見，所以你們要學會抵抗誘惑，見你們一副不相信的樣子。我一邊舉起星巴克的杯子，一邊對你們說：「Siren簡直無所不在。」連媽媽偶爾也會被她牽著走，莫名其妙地掏出錢來，買一杯貴鬆鬆的咖啡。（驚）

☆ 想了解更多好習慣帶給人生的好處，請閱戴倫．哈迪《複利效應：6步驟引爆收入、生活和各項成就倍數成長》

打造最高品質讀書環境！

「媽媽，那鬼滅之刃的擦布，皮卡丘的尺要收嗎？」
「會對你產生誘惑的都給我收起來！」

親愛的雙丁：

雖說我已做好從「少婦時代」進入「陪讀時代」的心理建設，也自認與你們做足事前溝通之準備，甚至還與你們簽訂了 Yes I do 的粉紅泡泡複習約定，哪曉得人算不如天算，我講甲喙角全泡，你們甘哪攏總聽無（臺語），一坐到書桌前我們仍舊是兵荒馬亂，親子火爆場面不斷，正當媽媽陷入高度自我懷疑時，天外正好飛來一段……

「自制力是一種短期策略，不適用於長期。你也許可以抵抗誘惑一次或兩次，但不太可能每次都讓意志力凌駕欲望。與其在每次想要做正確的事情時都鼓起意志力，不如把能量用來優化所處的環境。」——詹姆斯．克利爾《原子習慣：細微改變帶來巨大成就的實證法則》(p. 119)

雙丁啊，相信你們跟我一樣，對於「不太可能每次都讓意志力凌駕欲望」這句話充分有感吧！生活中確實有「太多誘惑」會阻礙我們抵達心中彼岸，但由於你們正處於需要日日學習的階段，而且作業有 Deadline 無論如何都必須游向彼岸，或許我們應考慮「優化所處環境」這個選項，至少能游得輕鬆一點？(一打二陪讀真心很累)

於是媽媽重新檢視一遍我們家的書桌，赫然發現家中所使用的文具皆是卡通風：鬼滅之刃的擦布、皮卡丘的尺、可愛企鵝的訂書機，以及一系列角落生物的螢光筆等等，所處學習環境簡直就是左一個誘惑右一個干擾。(Oh my God)

身為重度樂高迷的你們，很少買非樂高之外的玩具，所以當初為你們購入這些卡通風格的文具，無非是想滿足你們的小小童心，未料當時對你們的疼愛之舉，反倒讓你們深陷誘惑之海，畢竟一上書桌少說三十分鐘，人的專注力有限難免東摸西摸，在經歷幾次你們寫作業一下玩橡皮擦一下玩尺，注意力頻頻被中斷的親子衝突後，**我也認為陪你們寫作業時，誘惑和干擾盡量愈少愈好，而且「事先排除」比「事後阻止」更有效。**

既然專家提出「善用環境暗示力量」之建議，我們不妨就照做看看，書桌抽屜請擺常用文具及參考用書，因為當你們讀得正起勁時，卻因需要起身拿東西而中斷得來不易的專注力，實在是太可惜了。（記得注意力章魚哥的觸手，若換來換去很容易疲憊嗎？）

至於這些傻傻分不清的文具或玩具，若真是干擾你們寫作業之亂源，那也只好暫時忍痛先收起來，待你們抵抗誘惑能力增強，見到它們能不為所動，再拿出來用也不算太遲啦！（不然先給媽媽用也是可以，這點誘惑我還扛得住）

以下為「新版本書桌原則」，我們要共同遵守喔：

檢視書桌的清單表，讓親子可以自己檢視

- □ 食物不上書桌
- □ 書桌桌面保持清潔
- □ 合適的書桌椅高度
- □ 合適的光線（白光比較容易專注）
- □ 家人活動是否互相干擾
- □ 玩具（孩子）和3C產品（父母）收在不顯眼之處
- □ 所需要的課本和文具收在伸手可及之處

後記

丁麻：「我最近考慮要不要買幾幅蒙德里安的畫掛在家裡，聽說可以提升注意力，活躍腦部活動。」

丁霸：「聽誰說的？」

丁麻：「現在很紅的韓劇 Sky Castle 啊！」

丁霸：「韓劇看看就好，那麼認真幹嘛？」

丁麻：「還好吧？我只是想要買畫，沒有想要買檯燈也沒有要搞個讀書室耶，劇裡說數理科要用 8000k 藍燈、文科要用 4000k 白燈、音樂美術創造性的科目用 2000k 紅燈，不信你看這個影片：」

丁霸：「（驚呼影片內容後）我們也不是什麼尊貴世家，我覺得你偶爾看看泰國帥哥就好。」

☆ 想了解更多提升專注力的撇步，請閱詹姆斯．克利爾《原子習慣：細微改變帶來巨大成就的實證法則》

複習習慣養成記

「媽媽，大樹小樹差在哪裡？」
「差得可多了。」

親愛的雙丁：

最近你們兄弟倆迷上講笑話，雖然笑話並未隨著時代進化，還停留在紅豆跌倒之後變黑豆，以及泡麵走在路上莫名其妙被打，是因為包子以為麵條去燙頭髮，但我依然每天樂於聽你們分享，其實媽媽並非喜歡這些年代久遠的笑話，而是好享受你們邊講邊手舞足蹈的模樣。

一如既往，今天你們一到家立刻興高采烈地問我：「媽媽，你知道大樹小樹差在哪裡嗎？」聽你們自信滿滿公布「插在土裡」的彆腳答案後，我順著你們的笑話接著問：「那你們知道拔小樹和拔大樹差在哪裡嗎？」起初你們擠出好幾個答案，但在我都搖搖頭之情況下，你們難掩不滿地說：「媽媽到底差在哪裡啦？」於是我決定不賣關子：「差在根深蒂固」，不出所料，聽到成語你們雷達立刻響起，知道等下可能又要被媽媽的大道理攻擊，當下就想逃離，但已入家門的你們還能逃到哪裡？（大笑）

不過「愈根深蒂固的東西，愈難連根拔起」之道理，媽媽確實希望你們放在心裡，因為大腦是依據「用進廢退」的原則進行神經元修剪，常用的神經連結會愈來愈穩固，不常用的神經連結會被喀擦掉，重複多年的思想和行為，會逐步在腦中形成科學家口中的神經標記（neuro signature），據媽媽理解，可把這些神經標記視作日常生活中的一種自動

導航系統，一種無意識的行為，也就是你們常聽到的「習慣」二字，例如媽媽一睡醒就會滑一下手機的無意識行為。（羞）

你們發現了嗎？「大腦喜歡重複的事情而不是對的事情」，所以光知道複習很重要、和複習有浪漫約定是不夠的，必須「重複執行」（這邊請打星號），倘若你們回家的重複行為是看漫畫和玩玩具，那你發給大腦的神經標記就是「下課＋玩玩具、看漫畫」，重複愈多次後，大腦就會將它變成無意識的自動導航系統，屆時這些壞習慣就會變成盤根錯節的大樹，根深蒂固到你們連想要嘗試拔起的動力都沒有，這也是現在媽媽為何採取強勢態度，介入你們複習的原因之一。

另一個原因是，媽媽認同認知心理學家尚．皮亞傑 **(Jean Piaget)** 的兒童道德發展理論，皮亞傑認為兒童由受他人約束，漸漸發展到能夠自我判斷、為自我行為負責有階段之分，零～四歲為無律期，四～八歲為他律期，八～十二歲為自律期，就媽媽理解八歲以前想用權威使你們屈服相對容易，然而十二歲後，或者十歲（已有很多教養專家指出，青春期已提早到十歲），當你們的小小世界開始有自己的道德判斷時，屆時想要強勢介入，恐怕會大幅增加我們兩敗俱傷的機會。（媽媽還想活久一點）

雙丁啊，媽媽相信有很多學生不走複習路線，也還是能考得不錯，不過有複習肯定是學得比較紮實，所以複習與否並無對錯之分，純粹個人選擇問題，而媽媽認為人生中有明顯對、錯的選擇通常並不難，真正難的是要在對的**(Right way)**或輕鬆的**(Easy way)**之選項中挑出一個（註），例如我知道控制口腹之慾對長期健康有益，但這個選擇本身並不輕鬆，所以媽媽也常常破功，就真的選輕鬆那個（笑），這是媽媽對自己減肥人生的有感而發，狀況有點類似你們複習，你們不妨參考看看。

不複習沒有錯但它相對簡單，簡單的路人人都可以走；複習雖然於長遠來看有益，不過每天堅持沒那麼容易，而考量到你們現身處成長階段，所以媽媽特別請歐陽立中老師來為你們講講，成長究竟是怎麼一回事：「所謂成長，不過是在無數平凡時刻，有紀律地進行乏味的練習。」——歐陽立中《就怕平庸成為你人生的注解》(p. 33)。

所以倘若你們覺得複習對自己是有幫助的，別忘記重複執行，每天發給大腦「下課＋複習」這個神經連結，就算每天只有一下下、進度只有一點點，都是在為你們的「複習習慣養成記」努力喔。（歐陽老師的複習勸世文要聽啦！）

後記

雙丁啊，開始複習後你們時不時嚷嚷複習真的有夠累，但你們知道嗎？這世界上能一分耕耘一分收穫的事其實都不累，就算累至少值得，等你們長大以後會發現，有很多事情明明很努力卻沒結果，這種累才讓人心力交瘁，例如：中年婦女的減肥之路，我沒有說是我，你們不必把媽媽對號入座。（瞪）

註 "We are all facing dark and difficult times...If the time should come when you have to make a choice between what is right and what is easy."——J．K．羅琳 Harry Potter 4 (p.628)

複習鷹架給它搭起來

「媽媽，我真的不知道要怎麼複習。」
「那先按照這樣複習好了。」

親愛的小可丁：

記得你剛上中班時我問你：「小寶貝，你在學校最喜歡哪一堂課？」當時你睜著水汪汪單眼皮大眼睛回：「我最喜歡下課。」我莞爾之餘不免也有點擔心，要是將來的你沒有出息可怎麼辦？但誰曉得你卻用這個超展開的回答，擄獲媽媽周圍漂亮阿姨們的心。（大家都支持你下課，我也只好替付學費的爸爸默默流兩滴淚）

由於不按牌理出牌是你的註冊商標，以致於我早有心理準備，陪讀將會是我們之間的一場親子激戰，故從你升小一開始，我都抱著兢兢業業的態度，而你也確實不負「母」望，甫開學就不知道弄丟幾支鉛筆和橡皮擦，水壺和餐具更是常常忘記帶回家，開學一周後你索性和一整個鉛筆盒帥到分手，弄得我又好氣又好笑，但你爸剛好又走鷹派路線，認為男孩子負責任的態度，勝過老婆枕邊的軟言軟語，任憑我好說歹說也不肯買新的給你，搞得我只好陪你去適應「沒有鉛筆盒的日子」。

去學校沒有鉛筆盒好比大人出門沒帶錢包，在與同學尚未建立友誼的開學期間，光適應小一新生作息已夠讓你疲於奔命，還要耗費心思和同學借文具用品，情況一度悲慘到連胖丁都看不過去，主動陪你去失物招領處八次以後，總算才把鉛筆盒找回家，小可丁你別忘記感謝妙赫工作室的 Eric 叔叔，聽聞發生在你身上的悲劇後，還特別贈予你一個布朗克鉛筆盒幫你度過此次危機。

（你貴人運算不錯）

但在學習路上你的貴人似乎遲遲尚未現身，一年級的課業其實都不難，但總感覺你時常讀到呼吸困難，然而學校進度並不會因為你一個人慢下來，所以在第一課的國字記不熟，第二課的國字又接踵而來的狀況下，若是放任你讓不熟的字一直累積，等到考試時，你會有更嚴重的學習挫敗感，所以如何在生活中「督促你複習」，晉升為我們陪讀中的當務之急。

雖然不是沒和你談過複習的好處，但比起複習你好像更在乎角落生物，所以媽媽自知期待天真爛漫的你，獨立掌握複習節奏有操作上的困難，不過媽媽不怪你啦，我猜想現在的你，應該是陷在一個大人也會有的狀態，因為日子過得既緊湊又忙碌，**每天光是應付生活就已經喘不過氣，以致於根本沒時間去思考什麼對自己是重要的，或者自己應該要用怎樣的態度去面對現在，以及準備未來。**（畢竟鉛筆盒都要去找八次，你的時間確實不夠用）

小可丁，要你以不過短短七年的生命經驗去理解學習之於你的長遠重要性，的確有點強「兒」所難，但有胖丁的借鏡，我也不打算縱容你在複習上採取一個放飛自我的節奏，而我也在陪你複習的日子中有所感悟，面對複習，你**不是不想而是不會，你缺乏的不是動機，而是能力。由於根本不知道該如何開始，所以也就不知該如何繼續，以致於很容易放棄。**

然而複習在現階段確實扮演著關鍵角色，因為低年級的學習成果，有很大一部分與「熟練度」有關，與其讓你在學習上受挫後，再激勵你奮發圖強（這難度恐怕很高），不如先為你搭起一個複習鷹架，透過日復一日的執行奠定基礎學力，幫助你建立讀書自我效能感，陪伴你有過幾次學習高峰經驗，累積「我很會學習」之自信後，再讓你去思考學習之於你的意義，釐清你想與學習建立怎樣的關係，媽媽認為這樣對你而言是較正向的發展。

小可丁啊，媽媽並非要化身為複習魔人，但媽媽確有私心，由於活在胖丁強大光芒底下，面對學習你總是缺乏自信，時常會說出自我貶低之語，所以媽媽特別希望，你要相信自己擁有成為優秀學生之能力，由於低年級的課業多半不難，只要按部就班的複習，學習成果通常不會太差，你還記得第一次拿到期末考卷時，你不敢置信地對我說：「媽媽，我跟哥哥一年級考一樣分數耶！」

（你要相信自己可以做到）

任何人能夠給你的啟發，
其實都已經在你知識的曙光中半睡半醒，
老師漫步在神殿的暗影中走在門徒之間，
他們奉獻的不是智慧，而是信念與愛心，
若他確實睿智，就不會吩咐你進入他的智慧之屋，
而是引導你跨越自己心靈的門檻。

——紀伯倫《先知》第十八章教育篇

所以小可丁（語氣嚴肅），在對複習尚未有明確想法之前，請先按照下面這四個步驟，好好建立你與複習的關係：Goal 設定複習目標、Activity 執行複習行動、Timetable 安排複習進度、Evaluate 評估復習成效，也願你早日跨越學習中的那道門。

☆後記

小可丁你看，這四個英文字首組合起來是GATE耶，紀伯倫也來為你加持過這道門，念在媽媽這麼用心良苦的份上，趕緊走進複習之門好嗎？（為複習帥一波）

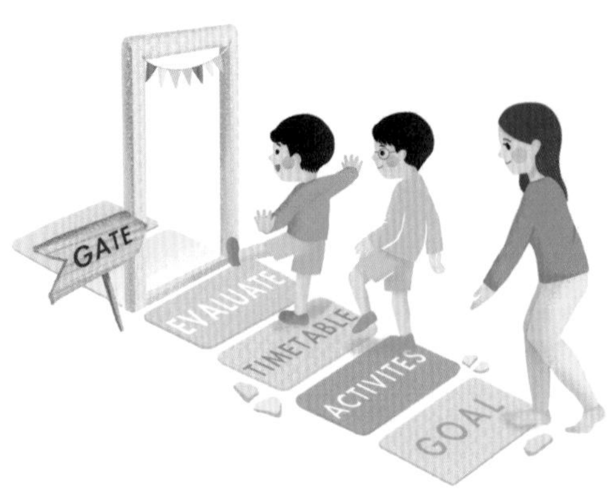

追上忘記的速度——讓我們約在「遺忘點」見面

「媽媽，要怎麼追上忘記的速度？」
「不然跑得比它快試試看好了。」

親愛的胖丁：

陪你坐在書桌前，我不敢出聲，明明室內溫度宜人，我的背脊卻有股涼意蔓延。於是我小心翼翼地問：「要不要看一下課本？忘記很正常，沒關係的喔。」但你想都沒有想直接拒絕：「不用，這個字我有複習過，我想得起來。」望著檯燈白光下你那張眉頭深鎖的小臉，我胸口有股輕細但卻明確的疼痛浮現，媽媽想你別那麼折磨自己，想要你放鬆點看待學習，但偏偏我又知道

你是個什麼樣的人，於是我也就這樣靜靜地在書桌前陪著你……。（自行噤聲無語）

胖丁啊，其實媽媽也不懂，明明從未要求過你要考幾分才可以，但面對成績你始終有自己的堅持和要求，有次我印象特別深刻，是在某晚和你去散步的途中，聽到你說今天背到 **Fault** 這個字，但你最討厭「錯」的感覺，所以要盡量避免，我當時還故作輕鬆地勸你：「都不能錯，那豈不是活得太累？放輕鬆點啦。」語畢，將你抓過來刻意揉亂你的頭髮，繼續對你說：「這種偶爾錯到亂七八糟的你也是很帥啊！」

今晚由於你那張眉頭深鎖的小臉，讓我即使躺在漆黑的臥房裡仍格外清醒，我索性起身前往書房打開電腦想知道，倘若「忘記」是學生的大敵，大家是否有什麼好的建議，後來查到很多關於學習的書，都在討論艾賓豪斯的「遺忘曲線」(the Ebbinghaus Forgetting Curve) 引起媽媽的注意。

據媽媽理解，艾賓豪斯 (Hermann Ebbinghaus) 為德國實驗學習心理學創始人，透過很多不同的實驗試圖找出遺忘的規律，並指出「遺忘」有「先快後慢」的原則，艾賓豪斯發現，遺忘在學習後便馬上開始，隨時間遞進能記得的內容則愈來愈少，一天過後大概只記得三成左右，與一個月後記得的差不多。

以媽媽的猜想，既然大腦遺忘有規律可循，所以若能在大腦遺忘的時間點上進行複習，應可大大增進記憶效果，坊間更是有很多以遺忘曲線去設計的背單字

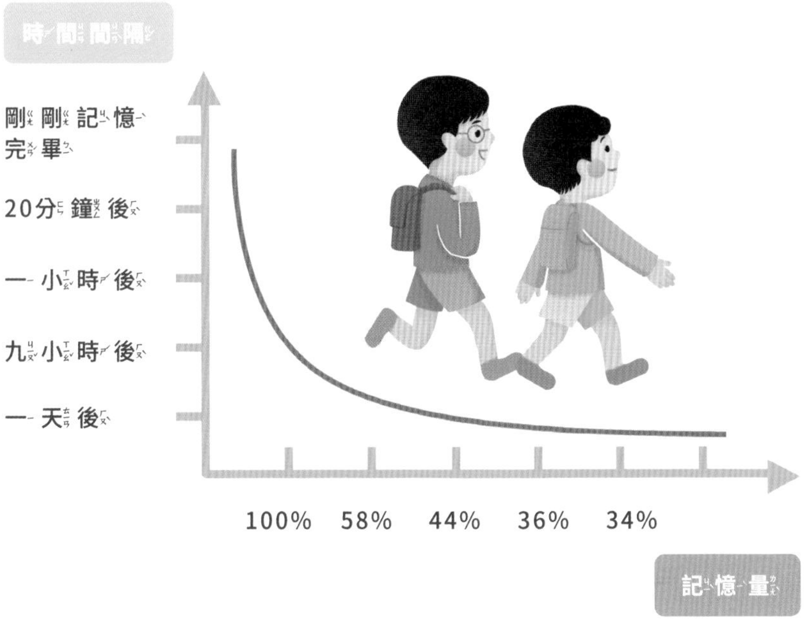

時間間隔

剛剛記憶完畢

20分鐘後

一小時後

九小時後

一天後

100% 58% 44% 36% 34%

記憶量

app，考量到回家後你的時間和體力皆有限，很難再擠出時間提高複習次數的前提下，媽媽想和你試試這個「相約遺忘點」的複習方法，因為「當無法創造『更好』來贏，可以憑藉『不同』勝出。」——詹姆斯．克利爾《原子習慣：細微改變帶來巨大成就的實證法則》(p. 256)。

胖丁啊，在現階段時間卡到不行的限制下，你與我都知道很難透過增加複習次數，使得記憶效果「更好」，但我們還有「不同」還沒試過啊，倘若考前所餘時間就只夠你複習兩次，那我們就好好把握這難得的兩次，按艾賓豪斯的遺忘曲線判斷，國字教完後的兩天和七天是遺忘點，所以這兩天複習應該效果最好。

胖丁，只要跑得比「忘記」快，你就能追上它了，加油喔，雖然讀書很重要，但也別累壞自己啦。（媽媽很心疼捏）

範例

★ 生字複習

				趣	ㄑㄩˋ	有	ㄧㄡˇ	觀	ㄍㄨㄢ	參 ❷ ㄘㄢ	生字
				趣	ㄑㄩˋ	有	ㄧㄡˇ	觀	ㄍㄨㄢ	參 ㄘㄢ	兩天 ❸
				趣	ㄑㄩˋ			觀	ㄍㄨㄢ		七天

可下載表格

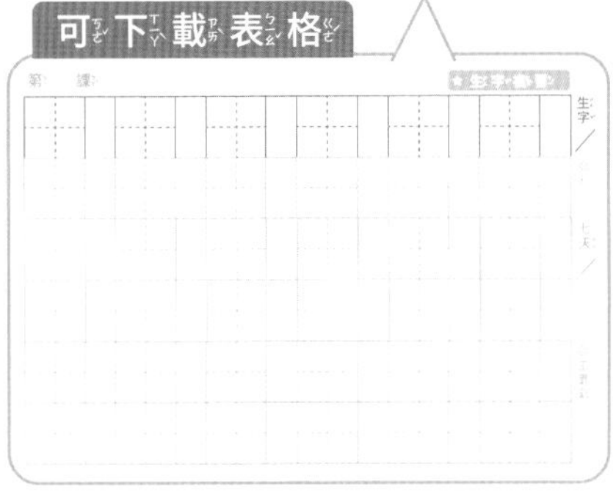

使用說明參考

1. 讓孩子了解遺忘曲線
2. 寫下應複習國字
3. 2、7天複習一次
4. 若字不熟加強練習（自由書寫區）

後記

沒想到艾賓豪斯對小可丁也有幫上忙，由於兄弟倆個性天差地遠，所以我直接讓小可丁選擇要「天天複習」還是「複習兩次」？也就是國字教完的兩天、七天各複習一次，可想而知天真爛漫的小可丁自然是選後者囉，反正達到增加熟練度之練習目的就好，至於理由是什麼就不是太重要了。（笑）

現寫現改，看的到效果

「這個字，我明明寫過很多遍，為什麼還是錯！」
「可能不是練習不夠，應該是方法有錯。」

親愛的胖丁：

今天你一進家門便鬱鬱寡歡，弄得我也惴惴不安，見你垂頭喪氣地拿出國語考卷要我簽名，我大概猜到你之所以悶悶不樂的原因，考前明明重複寫過很多遍的國字，在考試時仍是寫錯，媽媽完全可以明白，這種很努力卻沒達到預期效果的落寞。

想你不過小學二年級，國語單科一次段考範圍，就有近一百個驚人生字量，筆順之外還要弄懂字形字義，外加課文、語意理解或注釋成語等等額外內容，媽媽當然心疼你承受不小壓力，而你從來也不是個學習散漫的孩子，無需我過多叮嚀便能按部就班寫作業，令我更加不捨，但目前你的學習信心明顯受挫，已經會的字你可以很快寫出來，但你不會的字就算多寫幾遍，考試時仍舊卡住的瓶頸，使你意志頗為消沉。

「漫不經心地重複同一件事毫無助益，重複之目的在發現自己的弱點，並聚焦於加強弱點，嘗試以不同方式改善，直到找出最佳策略為止。」——安德斯．艾瑞克森、羅伯特．普爾《刻意練習：原創者全面解析，比天賦更關鍵的學習法》(p. 208)。

胖丁啊，你是否和我一樣，覺得這段話讀來特別有感？或許現在寫國字的成果不如預期，並非是你寫不夠而是方法錯，既然「重複抄寫」行不通，我們就積極尋找另一種改善方式突破現有困境，聽說這幾年比天賦更關鍵的「刻意練習」很流行，我們不妨就來試試看，你說好嗎？

關於刻意練習媽媽理解如下：首先訂出一個明確可執行的目標，而此標準需超出你現有能力一點點，意即書中所強調的「跨出舒適圈」；其次，在練習時務必保持「高度專注」；最後，重複練習直至該技能或該知識精熟為止。

「一般練習」與「刻意練習」雖都涵蓋重複概念，但仍有細微不同，「刻意練習」強調，每次練習皆須找出自己不足之處，最好有導師或教練透過「立即回饋」的方式監測練習品質，因為作者認為，透過分析練習表現找出不足之處，並維持高頻、高強度的練習，是各領域專家出類拔萃的關鍵。

但回家後老師無法隨侍在側，媽媽也因為還有小可丁要顧，沒辦法天天陪你寫作業，所以如何在回家練習寫國字時，找出一個不僅能讓你獲得即時回饋，且你也可獨立衡量學習成果的方式取代照抄式土法煉鋼，成為我們現在首要突破的困難點，所以這個表格我們是這樣用的：

1 目標設定：考前把應試範圍內的國字通通搞定，並盡量縮短考試時的時間反應。

2 練習方式：把相對應的注音寫下來，用「回想方式」寫出正確國字。

3 提升難度：限制作答時間。

4 立即回饋：寫對的立刻打勾，寫錯的立即訂正。

5 檢討改進：針對寫不出來的字討論記憶方法。

6 重複上述過程直到掌握每個國字。

胖丁啊，後來媽媽覺得「刻意練習」的概念真的不錯，因為我們去餐廳吃飯都講求現點現做最新鮮，所以複習國字如果也「現寫現改」，印象也就最深刻囉。（笑）

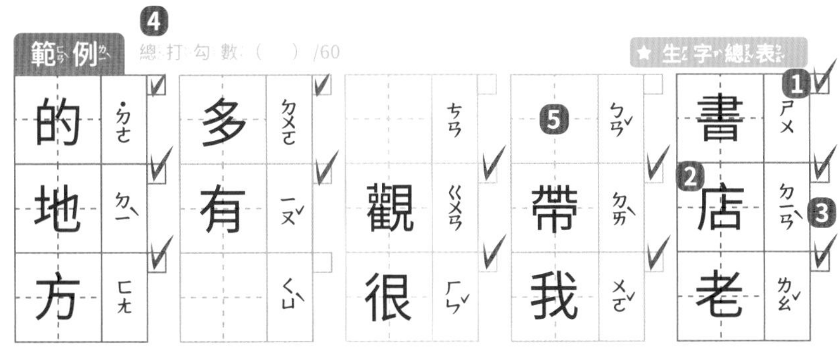

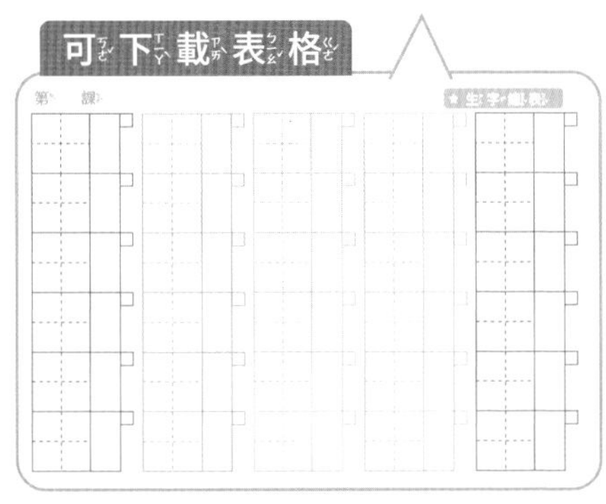

使用說明參考

1. 父母寫下注音
2. 孩子寫出相對應國字
3. 對的打勾 可增加孩子自信
4. 訂正並算出答對題數
5. 檢討不會寫的國字

後記

胖丁你還記得我們卡在「拔」和「我」的右半邊多久嗎？不過人生本就不容易，困難總喜歡和我們拔河，但媽媽相信你會撐過去的，要加油喔。（韓式愛心）

想了解更多比天賦更關鍵的學習理論，請閱安德斯・艾瑞克森、羅伯特・普爾《刻意練習：原創者全面解析，比天賦更關鍵的學習法》

複習也要「打卡＋追蹤」

「嗯～我……我……我不記得複習到哪裡……。」
「不是昨天才複習過嗎？」（嚴厲語氣）

親愛的小可丁：

今晚陪你坐在書桌前，任由時間一分一秒地流逝，看著你把課本翻過來又翻過去，找不到昨天我們複習到哪裡，雖然我不斷提醒自己記得深呼吸，心裡明白應該要再等等你，因為你才七歲，面對一到六課這樣龐大的複習資訊量，能力難免吃緊，我原以為自己準備就緒，但殊不知要壓抑住波濤洶湧的怒氣談何容易，心底更湧起排山倒海而來的質疑，明明每天都陪著你做同樣的事情，你的問題究竟出在哪裡？

結果原是我倆約好共度的陪讀時光，卻只剩你獨自一人翻課本的聲音，我猜你一定感受到那股不言而喻的壓力，然而由於時間寶貴，我終於忍不住對你口頭教訓，因為擔心自己一發不可收拾的怒氣波及於你，於是準備起身離去，結果你急忙扯住我的衣角不讓我出去，我知道你開始著急，很害怕我留你獨自面對複習，你很慌我很氣，我們都沒能控制好自己，今晚複習的重量壓得我們喘不過氣。坦白說，媽媽非常想盡力避免因為功課或複習跟你弄得緊張兮兮，但現實上媽媽仍會因某些狀況與你產生摩擦，甚至無法諒解你。（歹勢啦，再給媽媽一點時間喔）

不過小可丁你儘管放心，我就算再怎麼生氣，也不可能對你置之不理，何況你總愛黏在我身邊蹭來蹭去兼耍賴加三級，所以我想試試「習慣追蹤」是否能解決我們現在所面臨的問題：「藉由提供進步的清楚證據，習慣追蹤器與其他視覺化的測量方式可以讓習慣變得令人滿足。」——詹姆斯．克利爾《原子

習慣：細微改變帶來巨大成就的實證法則》(p. 232)

首先，國字、圈詞、相近字、課文、造句和複習考卷，雖都是可以幫助複習的項目，但礙於回家時間有限，所以我們暫時只挑出對你而言最需要高頻複習的三個項目，每當我們複習完一個項目時，請你立馬在「複習追蹤表格」上打勾，除了紀錄自己的努力和進步外，最重要的是希望你能夠透過複習追蹤表格掌握每日複習進度。

這個複習追蹤表格是為了讓你學習透過「自我紀錄」達到「自我掌握」的感覺，因為假如你根本不知道自己可以掌握些什麼，那也就無法知道自己該從何改善起，紀錄是為了幫助你看清全局，但不是要你為了紀錄而紀錄。

雖然這個複習追蹤表格暫時解決我們眼前的親子衝突，但媽媽還是有責任告訴你「古德哈特定律」中提醒我們：「當一項指標被設定為要達成的目標時，這項指標就無法成為一個好的指標」(When a measure becomes a target, it cease to be a good measure.)，這定律出現在我們日常生活的比例頗高，你們還記得，當你們知道班上有同學為累積點數而借書，實則並非真正看完時有多忿忿不平嗎？原本想要鼓勵孩子多閱讀的立意良善，於是有了這樣閱讀就能累積點數的獎勵制度，但當「借閱次數」成為一項指標時，反而不一定能達成當初所預期的效果。

小可丁，也許年輕人就適合年輕作法，這波在臉書 IG 界颳起的「打卡追蹤風」，你跟得還不錯耶，複習進度就這樣被我們追蹤起來，看到自己完成某些任務很有成就感對嗎？希望你能記住並享受這種每天進步一點點的感覺，所以從今天起也要繼續「打卡追蹤」，啊～媽媽忘記了，你要先把「複習」加為好友啦～

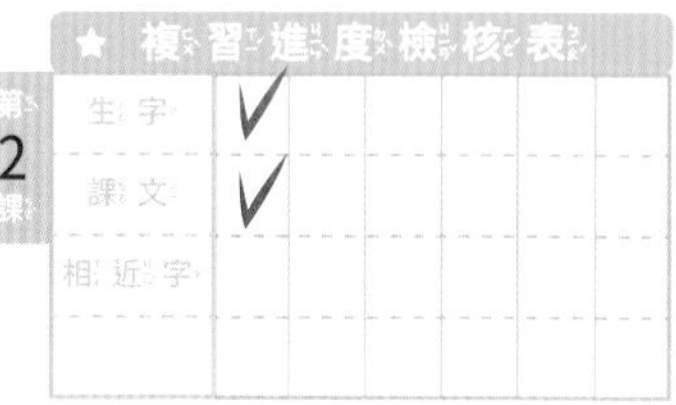

可下載表格

使用說明參考

1 討論複習項目

2 複習完直接紀錄

(此表也可作為
複習次數和成效的參考指標)

☆後記

小可丁啊，因為我是你親生媽媽，所以不忍心對你說假話，我相信這世界上，有陪小孩寫作業或複習時不會動怒的媽媽，但那個人不會是你媽，要是你還懷有不切實際的美夢，勸你趕快醒來比較好。

☆想了解更多如何打造好習慣，請閱詹姆斯．克利爾《原子習慣：細微改變帶來巨大成就的實證法則》

開啟複習最省力模式

「媽媽，我今天能不能只複習一樣就好？」
「可以，但複習哪一樣很重要。」

親愛的小可丁：

今天我們全家一起玩了一款輕度的城市建造桌遊，名稱是「骰子街」，玩家可直接化身為市長，市長的任務是靠城市發展與公共建設賺取資金，資金獲益多寡直接影響城市發展，所以如何將資金作最妥當的安排與運用是成為最大贏家的關鍵。

但從不把輸贏看在眼裡的你，從遊戲之初便不是玩得很專心，一邊看書一邊參與遊戲，雖然媽媽不時提醒你要小心，但你也一副無所謂的神情，以致於在桌遊開始的布局階段錯過多項重要投資，最後只好靠遊戲中的一項救濟金機制苟延殘喘的玩下去。

但這並不是你最慘的結局，因為當胖丁、爸爸和我皆因為遊戲開始的布局獲益拉開與你的差距時，你開始須支付我們過路金，在收入不敵支出的窘境下，你只好貸款所剩不多的建設，落得你只能眼睜睜看著胖丁的城市愈擴愈大，能選擇的標的物愈來愈多，但你卻只剩下變賣家產的選擇，雖然你不停嘴硬地說：「沒關係啊，反正這只是遊戲，建設多有什麼了不起，我才不在乎」，但說著說著你卻紅了眼睛。（過來媽媽秀秀）

小可丁啊，遊戲輸贏真的不要緊，但你還記得，媽媽說過學習是為了增加對外在世界主動選擇的能力嗎？（忘記請回第一站複習），這款桌遊對你而言是個很好的教訓，充分讓你體會被迫一步步失去選擇權利的下場是何等淒涼，只能眼睜睜羨慕別人的感覺又是何等煎熬。

桌遊結束後我趕緊與你懇談，強調「失望的感覺」從來都不會突然迎面襲來，通常都是一點一滴累積起來，起初的疏忽看似不要緊，但倘若任由情況繼續失控，不作任何努力或是挽救，等到發現生活全被拖垮時，可是連後悔都來不及，因為現實往往炙熱又刺眼，就算你能安慰自己退一步海闊天空，也可能最後只剩一場空。但媽媽認為一場空還不算最壞的結局，要是退一步是跌落谷底，該如何從萬丈深淵中爬起，對於人生絕對是個重大考驗，所以該努力時就別太雲淡風輕了，否則生活只會一巴掌打醒你。（會比桌遊輸了還痛喔～）

不過，可能是因為你與世無爭的個性，也可能是因為你前額葉仍處於發展階段，媽媽說的道理你看似有聽懂，但實際上你什麼也沒做，仍維持哪邊輕鬆哪邊去的作風，讓媽媽確實擔憂太過活在當下的你缺乏展望未來的能力，但身為大人的我，親眼見識過虛擲光陰之後的作用力不容小覷，也明白隨著時光遞進，人與人之間能力的差距往往無法再用心態調節，所以總覺得該為你做點什麼。

然而，你素來對勝負沒什麼企圖心，而且人緣不錯的你，下課都忙著跟朋友交流，往往從學校回來後體力明顯透支，所以究竟該如何督促你前進，媽媽一開始確實傷透腦筋，不過皇天不負苦心「媽」，還是讓我找到一個適合你的學習最省力模式，「你能做哪一件事，做了之後，其他每件事就會變得容易，或者不必做，讓你知道該走哪條路可以得到不同凡響的成果。」——傑伊・巴帕森、蓋瑞・凱勒《成功，從聚焦一件事開始：不流失專注力的減法原則》(p. 178)。

雖然這個由蓋瑞・凱勒提出的概念，原意並非鼓勵人只做一件事就好，但媽媽頗能認同書裡頭提到嚴以律己很難，意志力並非總是源源不絕的論點，因為即便你心裡明白持之以恆的重要性，但現階段的你，心思不在學習上很難有動力天天執行，但我又偏偏自知，我不是那種能看著你什麼也不做的母親，所以認為作者提出的論點，也許能為你的未來上個最低限度的保險，我們不妨來試試看好嗎？

媽媽理解聚焦的重點在於**找到能做的唯一一件事，並全神貫注地去做，若能完成它便可以開啟任何一扇你想開啟的門（骨牌效應）**。於是經我們討論後，也可能是媽媽的單方面說服（笑），要是什麼複習都讓你提不起勁，至少要選一個項目來複習，於是我們都同意「背單字」是所有英語學習的基礎，單字一旦背好，後續的英語造句、英語閱讀測驗、還有英語 blabla 都會變得比較容易，萬一哪天你突然開竅想要奮發向上，至少仍有基本能力足以支撐你學習。（期待喔～）

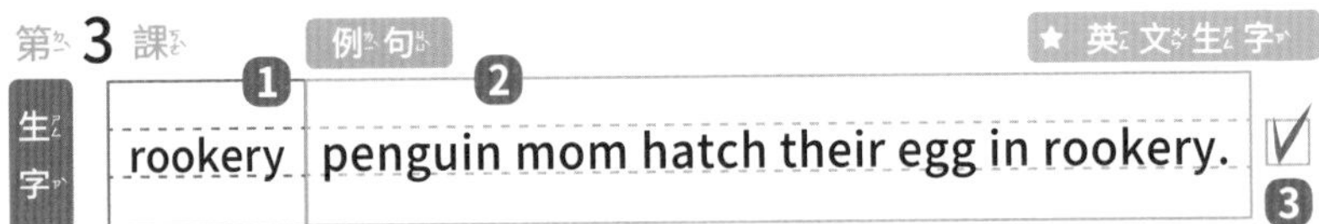

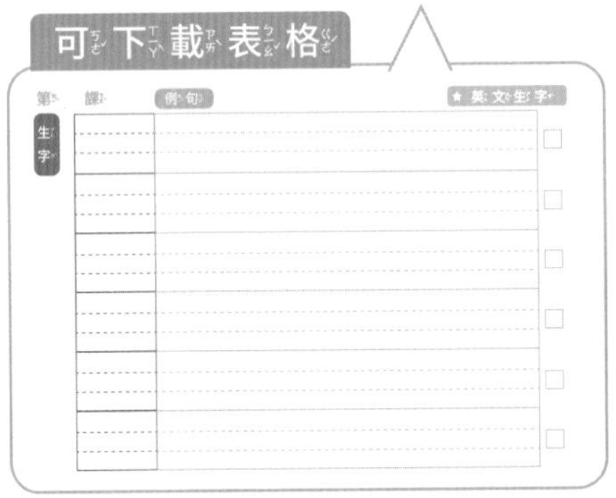

使用說明參考

1. 填入記不熟的單字
2. 利用例句幫助記憶
3. 記住的打勾

可下載表格

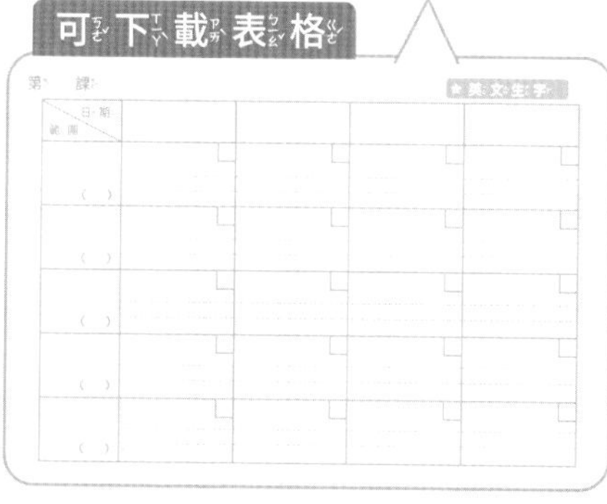

使用說明參考

1. 填入中或英解釋
2. 填入詞性
3. 制定複習日期
4. 拼寫出單字
5. 立即確認對錯

小可丁啊，這種卡內基式「把全部雞蛋放在同個籃子，然後顧好那個籃子」的作法，媽媽不知道是否可行，也擔心會造成你對學習產生美麗的誤會，以為背單字最容易，便認為做最容易的事就能擁有好成果的錯誤認知，畢竟背好單字和活用英語仍有程度上的差異。

所以媽媽還是要再三強調，在你「尚未成熟的前額葉」還沒辦法妥善思考「長期報酬」這個點之前，若只能選一個項目來複習，這個項目必須經過我的把關和同意，畢竟媽媽不想在學業上對你苦苦相逼，但也有不能讓你太隨心所欲的難言之隱，所以這個堪稱史上最省力的學習模式，值得你用點心吧，我們要一起加油喔。

☆後記

小可丁啊，雖然陪讀時我偶爾會有血壓升高的感覺，但你的古靈精怪往往能化解我們之間的緊張氣氛，還記得有次在書桌前我對你說：「你要用點心才記得起來。」但你卻笑瞇瞇地說：「媽媽，你想要聽個笑話嗎？」然後你根本沒聽我的回答，便自顧自講起笑話：「小明的媽媽叫他讀書要用點心，然後小明回答：『對啊讀書要用點心，所以今天的點心是什麼？』」聽完我也是噗哧一聲笑出來地回：「可是我沒有點心，你也不是小明耶，所以乖乖複習啦！」

☆ 想了解更多聚焦與減法原則如何應用，請閱傑伊・巴帕森、蓋瑞・凱勒《成功，從聚焦一件事開始：不流失專注力的減法原則》

原來「番茄」是「耐力補給品」？試試番茄鐘的厲害！

「媽媽，為什麼最近都在吃番茄？」
「因為聽說番茄可以提升學習耐力。」

親愛的雙丁：

傍晚5點半，你們明明才剛下課，我卻開始進入備戰狀態，這是專屬於母親的兩難。

當我還在職場時，我最討厭下班後又接到公司傳來的訊息，明明已經累個半死，但訊息裡的待辦事項我不敢不看，接著一想到回家後又要繼續面對堆積如山的公事，心裡瞬間湧起的厭世感足以讓我把桌上的鉛筆通通折斷，但再不

情願也還是要把筆電打開。（大力按滑鼠）

所以媽媽完全可以理解，上完整天課的你們回家後只想放空耍廢，但生活現實就不允許你們什麼都不幹，這是身為小學生的無奈！（嘆氣）雖說目前礙於我的打壓你們尚能乖乖坐到書桌前，但卻很難進入狀態，常常坐在書桌前發呆或與我對看，空氣中或許流淌著「任時光匆匆流去，我只在乎你」的浪漫，然而眼看就寢時間漸漸逼近，再多浪漫也彌補不了作業寫不完的現實缺憾，為了不讓你們留下太多遺憾，媽媽想跟你們聊聊我出生的 1980 年代。（咦，有關係嗎？）

1980 年代，有個義大利人名叫 Francesco Cirillo 剛成為大學新鮮人，多采多姿的大學生活讓他自覺人生一片燦爛，然而就在他為了準備考試想要拿出一本書來讀時，卻發現怎樣也無法專心起來，索性跑到廚房想要轉換心情，意外瞥到一個番茄造型的計時器覺得頗可愛，就順手把它帶回書桌前用好用滿，沒想到竟然大大提升看書效率還順利通過考試，時至今日「番茄鐘」更成為高效

人士們最愛用之工作法之一。（聽說唐鳳也是愛用者）

據媽媽了解，**番茄鐘特別適用「無聊枯燥但不得不作」**、**「誘因不強但還是要做」之兩種狀況**，看到這裡，你們有和媽媽一樣心頭一顫嗎？這不就是目前困住我們的每日5點半嗎？所以雙丁啊，反正暫時也沒有更優化的選項，我們不妨試試番茄工作鐘的作法好了，如下：

1 找一個自己喜歡的計時器，並命名為番茄鐘。

2 決定待完成作業清單，並設定番茄鐘。
（書中建議為二十五分鐘，但媽媽覺得孩子專注時間可以縮短，但專注時間要固定）

3 務必專注寫作業二十五分鐘，直至番茄鐘響起。

4 畫下番茄鐘達標記號，並休息五分鐘。

5 繼續下一個番茄鐘的工作，並作達標記號。

6 每完成四個番茄鐘可休息三十分鐘。

7 計算今天總共獲得幾個番茄。

特別值得注意的地方是，番茄鐘是無比神聖且不可被中斷的，倘若這二十五分鐘之內你們做一些與當下任務不符的事情，例如：喝水、上廁所、聊天、削鉛筆等等，或者突然打掃魂大爆發想要整理書桌，通通不被允許，一旦中斷番茄鐘就必須從頭計算二十五分鐘，就算你們是我親生的也一樣毫不寬待。

至於提早完成作業就檢查作業到番茄鐘響，或是二十五分鐘內完成兩項作業，總之就是這二十五分鐘都要與作業有關就對了，起初我們母子三人確實很痛苦，我也總跟你們說：「再堅持一下，再難受也就只有二十五分鐘，你現在放棄等下又要二十五分鐘。」雖然我們也不是每次都成功，因為偶爾看你們很累我也是會心軟，不過用「番茄」打造專注體質確實有效果。

最後，除了番茄鐘之外，媽媽再加碼送你們法國詩人波特萊爾的《時鐘》：「莫忘時間乃貪心的玩徒，回回奪得貨真價實的勝利！」所以雙丁啊，如果不把勝利留給自己，就只剩悲傷可以留給自己了。（阿捏干好？）

範例

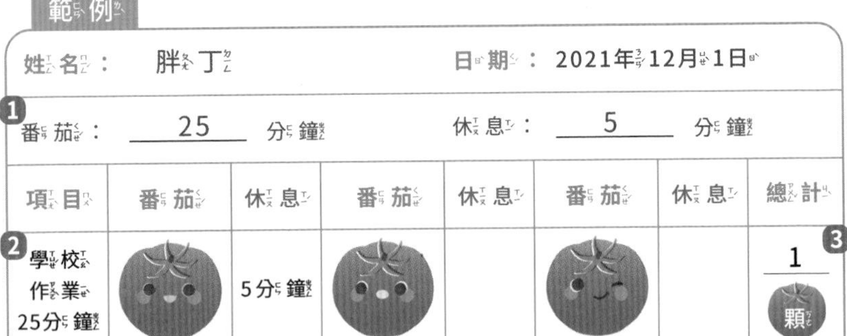

姓名：　胖丁　　　　日期：2021年12月1日

❶ 番茄：　25　分鐘　　　休息：　5　分鐘

項目	番茄	休息	番茄	休息	番茄	休息	總計
❷ 學校作業25分鐘		5分鐘					❸ 1 顆

可下載表格

姓名：　　　　日期：

番茄：______分鐘　　休息：______分鐘

項目	番茄	休息	番茄	休息	番茄	休息	總計
							顆
							顆
							顆
							顆

使用說明參考

1. 填入專心或休息時間各為多少
2. 填入執行項目
3. 總計番茄數目

後記

雙丁啊，目前番茄鐘的休息時間我們不算有嚴格執行，因為五分鐘好像過於殘忍，但專注時間倒是嚴格執行，來，現在和媽媽一起呼個口號：「我，某某某將誓死捍衛我的番茄鐘，因為番茄鐘是神聖且不可被任何人事物中斷的，連媽媽都不可以。」

聽完口號引來你們的陣陣竊笑，於是我笑笑地問你們：「終於有個名正言順的理由可以不甩媽媽，爽的吼。」但我畢竟行走江湖多年也不是省油的燈，接著緩緩地說：「就二十五分鐘而已，剩下的還是要聽我的。」（得意）

想了解更多番茄鐘的大小事，請閱讀法蘭西斯科．西里洛《間歇高效率的番茄工作法：二十五分鐘，打造成功的最小單位，幫你杜絕分心、提升拚勁》

如果很累，「來一份」就好

「媽媽，我覺得今天複習不了二十五分鐘。」
「那複習一份就好。」

親愛的雙丁：

自從我們的複習生活中導入番茄鐘後，媽媽覺得你們的表現值得掌聲鼓勵，因為低年級的孩子要專注二十五分鐘確實不容易，不過媽媽認為仍是有個小地方需要微調才行。

通常若是我陪你們坐在書桌前，你們多半複習效率都不錯，皆能妥善運用這二十五分鐘，但假如我剛好有事離開書桌，雖然你們也是能在書桌上自行待滿二十五分鐘，但複習進度通常會落後。

然而由於媽媽幾乎天天陪讀，我看得出來，很多時候你們並非不想複習，而是心情不佳或是體力不濟，雖然我有點驚訝你們年紀小小，但在學校的煩惱似乎不比大人少，不過看到你們狀態不佳，不論是出於自願還是被我逼，卻仍願意安分坐到書桌前繼續努力，我也實在不忍心再因為複習進度落後苛責你們，更捨不得對你們說：「什麼！你們今天這樣不行，你們明明可以做得更好。」或是「現在你們不要想東想西，好好複習最重要。」諸如此類否定性的言語。

雙丁啊，不曉得你們有感覺到嗎？最近媽媽常常提醒自己陪讀時，千萬要管住自己的嘴巴，別輕易對你們說出否定性言語，可能與媽

媽最近讀到日本教育專家小川大介的《守護教養法》有關，作者認為：「『否定』不僅會抑制孩子的潛能，也會給他們壓力，使他們連原本做得到的事也做不到了。」——小川大介《守護教養法：不否定、不過度給予、不焦急，日本教育專家教你養出聰明的孩子》(p. 40)。

仔細咀嚼這段話卻有深意，雖然一針見血的指出問題點，通常能達到快速解決的效果，但即便媽媽身為大人這麼多年了，在被指責時，也會萌生「明明我已經這麼努力了，不然你還要怎樣」的擺爛念頭，或是因為總是被在乎的人挑剔，導致無法從「我的努力怎麼好像你都看不見」的萬念俱灰中恢復，有時甚至還要療傷一段時間才有辦法振作。（想到往事不免難過）

不過雙丁啊，既然有問題就要面對處理，不能任由問題繼續惡化下去，因為學習不能全看心情，今天的進度不夠表示明天就有進度壓力，適度地磨練「學習毅力」還是有其必要性，至於學習毅力該如何鍛鍊呢？韓國著名補習班老師金允一曾提出過建議：學習毅力靠「規定份量」而不是「規定時間」鍛鍊——金康一、金明玉《小學4年級定終生》(p. 211)，換句話說便是「規定好複習份量」，然後無論如何督促自己務必完成才能休息。(怎麼感覺有陣虎風吹過～)

雙丁啊，乍聽到這個「規定份量」的鍛鍊建議你們似乎有些抗拒，但「規定份量」的作法並沒有想像中那麼可怕，媽媽在減肥時甚至還特別推崇它，以媽媽長年減肥的經驗，已充分體會吃多吃少不能全憑感覺，因為感覺會隨著心情和環境轉變，所以「感覺」無法作為判斷的依據，「規定份量」才是較務實的作法。

例如媽媽規定自己不論心情，每天都要喝五瓶保溫瓶的水，每周不能喝超過兩次手搖飲，諸如此類在生活中不是太難完成的「份量」，雖然不會有立竿見影的減肥效果，但這種跳脫心情左右、規定份量的小小堅持，確實有助媽媽維持一個不會太 Chubby 的體態，久而久之，媽媽甚至成為「來一份剛剛好」的愛好者，不知不覺奉行著這種 Lifestyle。

❶ ★ 目標 查字典造詞 ❹ check!

範例

目標	一項作業（共十個生字可分割）	休息	
Step 1. 5個 複習量	❷ 5個生字	Step 1. 5分鐘 時間	❸ 看漫畫
Step2. 5個 複習量	5個生字	Step2. 10分鐘 時間	

可下載表格

使用說明參考

1. 一項須完成作業
2. 分割成小份
3. 自訂休息規劃
4. 按步驟完成可打勾

所以雙丁啊，若是你們覺得今天狀態好，就吃番茄進行高效複習；若是狀態不好，就規定份量維持複習溫度，你們甚至可以自主拆成更小份量，總之不要讓進度落後太多就好。

唉～怎麼有種學習之路苦盡苦又來的感覺，但倘若能熬過去，相信你們一定也會愛上因為堅持而變得更好的自己，所以要加油喔。（過來媽媽抱緊處理）

後記

雙丁啊，雖然我也抱持過你們長大就會懂媽媽的一片苦心，直接開罵不是不可以，但在整個社會受到「你的孩子不是你的孩子」的震撼教育後，媽媽確實沒那麼自信，萬一我的真心換來你們的絕情，因為學習搞到親子關係破裂那可不行。

不過主要也是我認為不能要求你們做連我自己也做不到的事情，例如不管外在

世界有多紛擾都要心無旁鶩，或是體力不佳就給我懸梁刺骨，這樣真的有點太虛偽了啦。（媽媽也做不到）

☆ 想了解更多如何不否定也能讓孩子主動學習的作法，請閱小川大介《守護教養法：不否定、不過度給予、不焦急，日本教育專家教你養出聰明的孩子》

☆ 想了解更多培養孩子基礎學力實際作法，請閱金康一、金明玉《小學4年級定終生》

朝時間管理大師的境界前進（周末表格）

「媽媽，我事情做不完，可以晚點睡嗎？」
「不行！（堅定口吻）但事情還是要做完。」

親愛的雙丁：

承蒙時光不棄我們的陪讀生活還算愉快，也很感謝你們這幾年配合媽媽力推的「睡飽十小時政策」，上小學後因為你們必須7點20分起床，所以9點前我希望你們已經上床。

然而看似美好的安排，實際上有許多執行的困難，因為放學後你們5點半才到家，但8點半便要準備刷牙睡覺，也就是說在三小時內，不只要更新學校動態，還要搞定洗澡和吃飯，除了寫功課之外還要兼顧你們發呆放空的小片段，於是陪讀生活的張力開始從四面八方把我們包圍起來，然而為了放學後三小時的高效安排，我們仍要試著排除萬難。（握拳）

為讓你們盡快習慣小學生活的緊湊步調，回家後檢視待辦清單成為我們的例行公事，「**能追著時間總比被時間追好，能自己安排時間總比被媽媽安排好**」這兩句話甚至變成我的口頭禪，不過媽媽明白即便做了再好的安排，我們也只是會累會疲倦的血肉之軀，自然也會有因為心情不美麗，怎樣都看課本不順眼的時候，所以假若無法按計畫進行，就留到周末再補起來吧。

雙丁啊，今晚你們又嘗試在「就寢時間」之議題上與我談判，但仍被我以「沒得商量」四字果斷拒絕，想當然你們又開始瘋狂抱怨媽媽很煩，接著心不甘情不願地鼓著腮幫子，悻悻然地跟著我走進房間裡，雖然你們與我談判多次卻始終未果，不過你們屢戰屢敗、再敗再戰的精神卻十分可取。（複習也請效法這種精神喔）

媽媽並不想讓你們失望，但事關你們發育我不得不堅定立場，況且還有件重要的事情，我尚未找到適當時機與你們分享，其實媽媽心中暗暗期待，等你們長大後，我能像現在許多凍齡媽媽一樣發篇炫耀文：「今天和我又高又帥的兒子一起逛街，路人誤以為我們是姊弟（心）」。你們說，這種誤會不只令人羨慕，又可間接說明爸爸這幾年在周年慶上花的錢值得，一舉數得的事，何樂而不為呢？（所以你們兩個早點去睡覺啦～）

可下載表格

使用說明參考

1. 評估當日心情和體力狀態
2. 制定當日計畫
3. 填入預定完成時間
4. 填入實際完成時間

範例

可下載表格

使用說明參考

1. 填入固定週末規劃
2. 填入平日未完成事項
3. 利用剩餘時間完成未完成事項

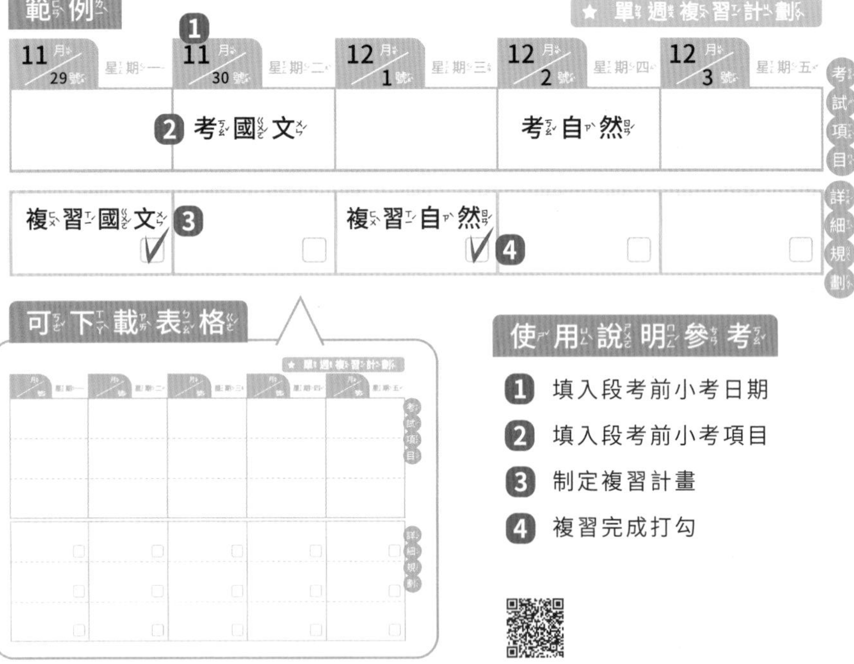
範例
單週複習計劃
11月29號 星期一
11月30號 星期二
12月1號 星期三
12月2號 星期四
12月3號 星期五
考試項目
考國文
考自然
詳細規劃
複習國文
複習自然
可下載表格
使用說明參考
1 填入段考前小考日期
2 填入段考前小考項目
3 制定複習計畫
4 複習完成打勾

後記

雙丁啊，因為我無法代替你們安排時間，所以現在我只好採取緊迫盯人的態度，期待你們能趕緊步上時間軌道，我知道你們現在被我逼得很辛苦，所以請叔本華來給你們鼓舞：「普通人只想到如何度過時間，有才能的人設法利用時間。」(Ordinary people merely think how they shall spend their time; a man of talent tries to use it.) 你們要加油喔~（泰式愛心）

關於努力媽媽想要補充……

「媽媽……」

「按照慣例，現在是輪到媽媽說啦～」（吼唷，沒默契）

親愛的雙丁：

最近為提升你們的複習效率，我們參考並應用許多成功學概念至複習生活之中，就媽媽理解這是一種「相信自己可通過努力改變逆境或現況」的正向思維，與現在教養圈中推崇的成長型心態有異曲同工之妙，以此延伸出的許多概念更常年佔據暢銷書排行榜，例如：懷抱夢想的重要性、提升自我價值的生命意義、養成好習慣的人生紅利、設定目標堅持到底、財富可由自己創造、別太在意外界眼光、勇於挑戰自己等等。

對求學階段的你們而言，接觸「努力可改變」之概念固然是好，但媽媽心中不免遲疑，我不知是否該鼓勵你們擁抱「只要夠堅持、夠努力，就能達成目標或克服難題」的價值觀，或是從小便為你們注入「熱血奮鬥、勇往直前」的燃燒精神。

你們知道為什麼嗎？因為我們身處於一個複雜且矛盾的時代，一方面「Grit 恆毅力」成為當代顯學，人人覺得這是比天賦更值得培養的能力，社會上也隱約瀰漫著一股堅持的美好，就連媽媽用來陪你們複習的各類表格，說穿了也不過是在「堅持」二字上打轉罷了。

身為母親，我當然希望你們理解並實踐「堅持」所帶給人生的正面意義，但於此同時卻又看見專屬這個時代的無可奈何，在全球化與資本主義的衝擊下，中產悲歌正如火如荼地唱起，明明投入比從前更多的精力與成本於工作和生活之中，卻始終無法獲得相對應的回報，沒有出路的「無效努力」使得專家們頻頻提出中產階級正在消失的社會發展警訊，但身陷其中的人們，卻只能困在無法企及的遠方，卻又無法逃避現況的窘境。

薪資明顯停滯，但房價、物價卻不斷上漲，成為年輕人一出社會就要面對的共同困局，雖然社會上檢討肥貓的聲浪不少，但仍無法改變勞動經濟成果掌握在少數族群或集團的現況，在低薪、貧窮、看不見未來的大環境下死撐活撐，即便接受了「超長工時」與「爆肝文化」卻依然無法翻轉人生。

於是「全拋世代」的社會現象逐漸在年輕族群中蔓延，明明已經很努力，卻也只能被迫一步步拋棄談戀愛與人際關係的基本需求，以及結婚生子的念頭，最後索性連夢想和希望也不敢再有。父輩那代只要肯努力就有翻身的希望與機會宛如昨日神話，於是「著眼生活中的小確幸」與「不作為也不抵抗的佛系思想」逐步佔領年輕世代的心房。

所以該怎麼辦呢？媽媽真的也不知道（嘆氣），目前媽媽面對這個「不知道」是這樣想的，每個世代都有所屬的「時代紅利」與「時代眼淚」，無法憑一己之力去改變，但無論對於所處環境是否抱持希望，我們不應否認努力之於人生的正面意義，因為媽媽相信**「只要願意，人是能夠重塑自己的」，而重塑自己的過程是人生中一段不可取代的經歷，這段經歷所帶給我們的感受和思考，將成為我們生命中最獨一無二的存在。**

我的小寶貝啊，我不知道等著你們的將會是怎樣的未來，但希望和夢想不會唾手可得，也並非遙不可及，我想這是人不同於動物所能擁有的一種「最特別的浪漫」吧！最後把這段對媽媽很受用的話送給你們，也許你們長大後能派上用場：

人無法決定自己是否成為一流人物，那是神所掌控的範疇。

所以，就算努力也未必能登上一流，但只要謙遜地努力，就能成為二流人物。

二流人物明白一流所代表的意義，而不懂何謂一流、二流的人，只能成為三流人物，

所以在二流與三流之間，存在著無限遠的距離。

——田村隆一《千年語錄—想傳給後人的珍貴名言語錄》(p. 54)。

後記

雙丁啊，這世界值得你們去闖蕩，但也會讓你感覺失望，所以累了倦了就回家，休息夠了再出發，媽媽永遠會為你們留一盞燈和煮一碗湯，突然好想點播王菲的《人間》，但願以後你們做的夢，不會一場空～更願這世界能盡可能待你們溫柔。

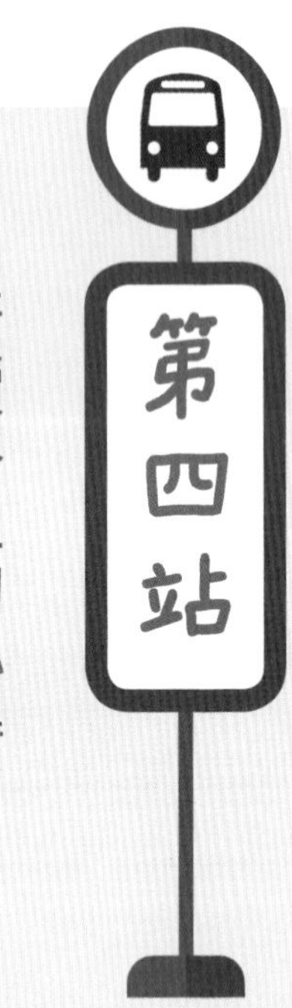

陪讀路上的心得

即便對孩子愛意滿滿，

但陪讀之路並未因此盡如人意，

懸而未決的問題還是很多。

但我們不能終日重複一樣的過程，

卻期待未來有不一樣的結果會發生，

因為改變是一扇只能由內開啟的門。

身為母親，

我想打開「情緒」這扇門，

看見陪讀的更多可能。

與「教養焦慮」直球對決（上）

「媽媽，你為什麼總是那麼焦慮？」
「因為整個環境讓我很焦慮。」

親愛的雙丁：

其實我好希望在你們心中我是一個最特別的母親，但實際上我與大多數的媽媽無異，曾經淹沒在奶瓶尿布堆，一樣在育兒的疑難雜症中驚慌失措，也在教養你們的過程裡感到沮喪難過，甚至想要對整個社會控訴，母親的部分人生簡直被硬生生剝奪。

然而隨著你們逐漸脫離半獸人階段，身為主要照護者的我，不必再亦步亦趨守著你們，或整天被你們黏牢牢，想當初你們可是整天掛在我身上，連我上廁所或洗澡都要跟，媽媽簡直毫無隱私可言，幸好撐過這段負荷大於甜蜜的日子。（為自己掌聲鼓勵）

待你們進化到能稍微自理，並可用言語溝通的歲數時，我總算覺得找到屬於我們家的生活節奏，正當我才自覺可以鬆一口氣時，卻開始面臨許多關於學業上的選擇題，雖未到牽一髮而動全身的程度，不過在教育的每個節點上，的確有它環環相扣之處。

「面對戰線延長，與面對來自全球競爭的戰場擴大……要規劃孩子的教育，必須提高到戰略的層次來思考，要有謀略。」——藍佩嘉《拚教養：全球化、親職焦慮與不平等童年》（p. 85，原文出自商業週刊教育投資專題）。

規劃教養請具備謀略，這句話一點也不誇張，這個協助撫育你們成長的環境，充斥著許多不能浮出檯面的潛規則，成為母親前我從來就不知道，原來屬於義務教育的小學也是需要卡位的，當我親身了解你們即將面臨的求學環境，當我親耳所聞其他媽媽是如何替孩子規劃布局時，我必須提醒自己刻意閉緊嘴巴，否則我可能會因為驚慌失措沒了下巴，當下我對你們感到很抱歉，因為比起其他媽媽，我的起步已經太晚了。

於是我「被自願」加入這場教育軍備無限競賽，我開始蒐集資料，思索著該如何替你們拿到這場競賽的參賽資格，你們知道嗎？這個凡事講求超前布署的世界，簡直會把母親逼到近乎走火入魔的地步，我曾接到某間熱門幼兒園的面試通知，雖然我一面因為孩子也要面試感到不可思議，但一面又因為能得到這個機會顯得有些得意，正當我詢問帶胖丁一起去參觀環境的注意事項時，卻遭到園方委婉拒絕，因為他們現在要和我談的是還在我肚子裡小可丁的入學資格，而且園方想要面試的是不會入園就讀的我和爸爸，而非孩子本人。（嗯～沒有聽錯喔）

由於這次經驗讓媽媽受到太大震撼，我開始熱衷與其他前輩媽媽情報交換，他們好心指點，若我有幸接到幼兒園的「說明會通知」，前一天務必讓自己睡飽，更要無所不用其極地確保你們在說明會當天心情會特別好，當時我也不明白，說明會不是給父母參加的嗎？有需要這樣大費周章嗎？結果不追問還好，一追問才知道在教養的世界裡，我就是一個鄉巴佬。（驚嚇）

這種美其名為「說明會通知」，實則為觀察孩子是否足夠穩定的入學篩選機制，明明三、四歲的孩子，初到陌生環境還很需要母親陪伴，但這種「說明會」通常會將母親和孩子分開，他們想觀察在沒有媽媽陪伴的狀況下，孩子會有什麼特別反應？還能乖乖聽老師說故事嗎？看到教室內數量明顯不足的玩具，能排隊等待嗎？見到初次見面的老師，在教室前面與孩子互動時，孩子夠主動積極嗎？

那段日子，媽媽整個人被不知打哪竄出的「危機感」吞沒，眼中只看得見你們與其他孩子的差距，雖然我清楚小孩不能被拿來比較，雖然我了解學習之路就像跑馬拉松，但當時我真的很難冷靜下來，想必那時候的你們也很無奈吧。（對不起喔）

不過雙丁啊，直到現在我還是很好奇，你們究竟是如何平安度過所謂的招生說明會？每每問你們，你們總說不記得了，所以直至今日，招生說明會仍是個不解的謎團。

後記

媽媽曾腦補過你們的面試橋段，一位笑容可掬，手拿筆記本的主考官，和一位穿著正式服裝，卻不到四歲的孩子，兩人共同坐在教室裡，教室裡遍布著各式各樣的玩具和點心，孩子東張西望有點緊張，但又對教室裡琳琅滿目的玩具感到好奇。

此時主考官開口了：「×××，和我說明一下，來這邊前的三年，你都做了些什麼？」

孩子則戰戰兢兢回答：「嗯～我想想，大部分都在玩，還有吃飯和睡覺。」

主考官不敢置信的口吻：「也就是說，你這三年沒有任何特殊表現或經驗？」

孩子也自覺無奈地回答：「因為我的人生也才三年，才剛脫離奶瓶尿布的階段。」

主考官低頭開始不知道在記錄些什麼……。

當然這一切都是媽媽在胡思亂想啦，但幼兒園競爭就是這麼激烈，幸好我們度過了。

與「教養焦慮」直球對決（下）

「媽媽，你為什麼還是那麼焦慮？」
「以後我如果又焦慮，記得……」

親愛的雙丁：

在媽媽被教養衝擊的全盛時期，我曾經非常積極地想要了解，在眾說紛紜的教養派別裡，究竟哪一派才可真正脫穎而出？更抱著高度懷疑的心態想要檢視，在渾沌不明的教育體制下，究竟有幾個心口如一的瀟灑媽媽？

以下是當時媽媽對於「教育體制」和「學習方式」的筆記，相信你們看完後便能明白，不是媽媽太愛杞人憂天，我的焦慮根本有跡可循……

教育體制：

✱ **教育移民：**「第三種文化孩子」由母親帶著孩子於國外就讀，父親則留在本國打拼。

✱ **境內留學：**為孩子取得「彈性公民身分」，意即持外國護照，取得就讀本國國際學校資格。

✱ **私校的國際或雙語班：**強調菁英課程、外語加強、多樣化學習。

✱ **公立小學：**透過才藝和補習，協作組裝教養資源。

✱ **實驗小學：**制度、設計、評量與師生互動方式各有特色。

✱ **在家自學：**不進入學校體系，靠家庭與社會資源學習。

✱ **田園小學：**強調慢學與讓孩子自然長大。

以上整理自：藍佩嘉《拚教養：全球化、親職焦慮與不平等童年》

學習方式：

✱ **專題學習**(project-based Learning)**：**與夥伴合作討論，主動取得解決問題所需的知識或技術，提出可能的解決方案，並分析評估解決方案的可能性之動態學習方式。

* **個人化課程**（individualized Curriculum）：按每個人的學習方法、速度、準備、智力、性向、個性去設計學習菜單。
* **混齡學習**（mixed-Age Learning）：讓年紀大的孩子帶領年紀小的孩子，營造教學相長的學習氣氛。
* **以大腦為本的學習**（Brain-based Learning）：以腦神經科學研究結果為依據的課程設計。
* **跨領域學習**（Cross-Field Learning）：訓練不同的思考方式與多元角度的認知發展。
* **科技為本的學習**（Technology-based Learning）：運用科技幫助孩子學習得更好。
* **遊戲為本的學習**（Game-based Learning, GBL）：課程以遊戲關卡的方式設

計，鼓勵孩子勇於嘗試並挑戰失敗。

✱ **目標學習**（purpose-Driving Learning, PDL）：助孩子找到學習目標，賦予學習意義感與價值感。

✱ **戶外學習**（outdoor Learning）：對於鍛鍊孩子冒險精神，於智力、體力，心靈，社交甚至道德感上皆大有助益。

✱ **主動學習**（Active Learning）：透過討論、動手做、教別人的過程中，激發孩子對於學習的好奇心。

以上整理自——徐宏義、羅曼如《未來最好的學校——新世代全才教育與創業訓練》。

說真的，教育體制的項目已多到讓我不知該如何做出選擇，沒想到連學習方式也細分成這麼多種！究竟該怎樣搭配，才能讓你們學得快樂，又可保有競爭力的成長，這些翻天覆地的焦慮讓我一夜白頭。（哼，還我烏黑亮麗的中長髮來）

爸爸也曾對我好言相勸，想太多恐徒增許多不必要的煩惱，因為你們總會長大，順其自然就好，雖然我也同意孩子怎麼樣都會長大之說法，但父母是可以決定孩子要如何長大的人，所以我總擔憂自己是否做得不夠或是做得太多，內心深處更始終有個聲音不停出現「**要是當時明明我可以卻沒有盡力，將來的我是否會埋怨自己？所謂在教養上的順其自然，究竟是得過且過的聽天由命，或是盡力而為以後的不要強求？**」

眼看你們入學在即，我打算正視自己教養上的矛盾與焦慮，由於媽媽足夠了解自己，所以我不想在對體制一知半解的情況下將你們交給體制，況且按媽媽的個性，若我不先深入了解學習現況，無法先確定我的教養信念禁得起自己的挑戰，難保我會再度因為焦慮而又開始人云亦云，畢竟那是場多麼瘋狂的教育軍備競賽，想必你們多少也還有點印象和感覺吧。（挑眉）

但媽媽必須老實說，與教養焦慮直球對決的經驗，雖讓我受到前所未有的衝擊，但這並非全然對我沒有幫助，我因此獲悉教育之大環境暫時無法穩定，更不可能於短短幾年間有什麼大刀闊斧之改變，所以心態上做出調整和轉變很重要，接受教養確實有更加複雜之趨勢，但衍伸出教養的多元價值，也是提供給你們更多選擇的契機。（雖然媽媽煩惱也是變多）

雙丁啊，當我決定在你們學習的路上陪你們走一段時，我明確知道焦慮是母親必要之承擔，而且這份教養焦慮，直至你們畢業之前恐怕也會一直如影隨形，所以倘若媽媽往後又焦慮到無法自已時，就請你們把這段話拿出來，並叮囑我先念過三次，媽媽應該就會冷靜下來了。（幫忙一下啦～）

「什麼是好的教養目標？就是在家庭的資源、時間、能力等狀況允許下，實際可能達成的目標。這些目標不是預先規劃的，而是在行動中持續地尋找適當、可行的目標，這是持續協商、共同試驗、做伙修補的過程。」——藍佩嘉《拚教養：全球化、親職焦慮與不平等童年》(p. 325)。

後記

雙丁啊，你們知道嗎？媽媽長大以後，曾經感嘆這世界跟我想像中的不一樣，但陪你們經歷一場教養軍備競賽後，我才發現結婚前我見過的世面確實太少，教養的世界和我想的才真的不一樣。（來碗壓驚湯吧）

☆ 想了解更多教養的不同樣態，請閱讀藍佩嘉《拚教養：全球化、親職焦慮與不平等童年》

☆ 想了解更多學習方式的細節，請閱讀徐宏義、羅曼如《未來最好的學校——新世代全才教育與創業訓練》

願與你們不負「這些年」

「媽媽，複習單字表格沒了，要幫我印喔！」
「好喔，我明天去印，要幾張？」

親愛的雙丁：

在決定陪讀前，媽媽曾刻意打聽幾位前輩媽媽對於陪讀的看法，基於考量因素不盡相同，每位媽媽各有立場也各有堅持，大致上可粗略分為「嚴格」與「寬鬆」兩種路線，只不過在尺度拿捏上有些微不同。

嚴格派作風的媽媽重視學業表現，有的甚至會規定一定要考到幾分才可以，但也常聽他們感嘆，因為太要求孩子學習成果，生活中能和孩子溝通的話題只剩學習，時常與孩子陷入對峙與爭吵的迴圈之中，但為了替孩子創造更多的機會，為了讓孩子擁有比自己更寬廣的世界，他們多半會安慰自己這點犧牲不算什麼。

有些媽媽則走寬鬆路線，充分尊重孩子意願，讓孩子享有很大的自由選擇空間，為減輕孩子學業負擔，甚至還會替孩子寫作業，親子關係明顯融洽。但他們仍擔憂於學業上不對孩子訂出標準與要求，是否能讓孩子撐完學習的漫漫長路，但為維護當時自己的決定，現在也只能先走一步算一步。

上述陪讀路線各有優缺點，也各有擁護者，但嚴格來說我算是個貪心的媽媽吧，我不想在「低年級的學習成果」和「還算融洽的親子關係」之間二擇一，於是我積極尋找第三種陪讀可能性，管教孩子行為的三種主要方式通常是：1. 嚴格、2. 寬鬆、3. 合作——菲莉帕．派瑞《一本你希望父母讀過的書（孩子也會慶幸你讀過）》，進一步了解「合作」的管教方式，主要是強調家長和孩子一起尋找解決問題的方案，猛然讀到這個說法時實在振奮「母」心，不過陪讀的範圍牽涉層面大，光與你們談合作太過空泛，所以媽媽自己必須先要釐清：

★ 陪讀期間該和你們溝通的是哪些觀念？

成績不是最重要的，但學習過程卻不能因為不在乎成績而讓它白白失去意義，所以在第一站媽媽花了蠻多篇幅和你們討論許多關於學習意義的問題，提醒你們學習是為了拓展自己的知識邊界，增加自己對於世界的「全新看見」。

★ 陪讀期間該陪你們解決的是哪些問題？

「學習和記憶」屬於相輔相成的關係，即便你們身處網路世代有強大的工具幫助記憶，但面對學習仍有許多困難需要跨越，所以在第二站媽媽花不少篇幅整理，已被科學研究證實過的學習和記憶方法，希望能幫助你們解決學習上可能會面臨的各種疑難雜症，盼望你們的童年能不只是被學習佔據，能稍微喘口氣感受學業之外的美麗。

★ 親子之間該與你們建立的是哪些合作關係？

單靠興趣無法支撐起整個學習，有很多需要下苦功的練習，而堅持從來就不是件容易的事情，但媽媽並不想採取與你們對立的立場，所以在第三站媽媽花很多時間蒐集，建立學習習慣的各種方法，希望能稱職地扮演好，既是教練又身兼啦啦隊的陪讀者角色。

但媽媽立場依舊不變，學習是你們自己的事，你們要學會為自己負責，但念在你們年紀還小，學習之於你們宛如戰場，我捨不得你們在毫無裝備的狀況下，孤身一人於前線打仗，但媽媽只能是後援補給，我也不時提醒，學習之路媽媽只能陪你們走一半，剩下一半你們要自己走完，媽媽能提供一些學習的策略與方法，但怎麼做？做多少？做多好？你們才是最後決定執行成果的人。

不過陪讀後我更常斬釘截鐵地表示，不論你們的學習成果如何都無損我對你們的愛，但身為母親，我必須督促你們養成對自己學習負責的態度和習慣，而這樣的陪讀關係也才比較接近我心目中的理想合作狀態。

雙丁啊，你們真的辛苦了，看到你們學會善用複習表格，逐漸自主掌握複習進度，我打從心裡為你們感到驕傲，我想這段回憶對我們母子三人而言都會是閃閃發亮的吧，而且截至目前我們的親子關係還算不錯耶！（呼～鬆一口氣）

陪讀路上，我們曾結伴一起走；陪讀路上，雖有煩膩但仍有許多甜，而我們也曾這麼努力地不負這些年。（特此紀念的章給它蓋下去）

後記

雙丁啊，想想日子過得好快，我也陪你們走了好長一段，接下來我們還要繼續作伴，聽說三年級是一個很大的坎，希望我們仍可以合作愉快喔。（撐完小三，你們差不多該自己上戰場了啦）

想知道更多教養的管教守則，請閱讀菲莉帕．派瑞《一本你希望父母讀過的書（孩子也會慶幸你讀過）》

陪讀的魔法語言

「媽媽，*&%$#&+@%7*」（情緒性字眼）
「……」（深呼吸三次以後再回答）

親愛的雙丁：

陪讀後我才知道，我當不了溫柔婉約的媽媽，我其實就是當母老虎的咖。（笑）

按媽媽的理想規劃，原是想為你們打造一個充滿愛的陪讀氛圍，但實際陪讀後才體認陪讀這件事無法如我所想，對我而言協助你們完成作業上的要求其實不難，但要在陪讀過程中接住你們的情緒並盡量不反彈，這件事真的有夠難！

當你們擺出一副不太願意合作的態度時，我也總會忍不住用更強硬的姿態想要你們屈服，情緒看不見但無法被忽略，放任一來一往的不良互動累積到最後，我們就會朝對方狠狠丟出自己未包裝過的憤怒，所以媽媽也不只一次想過，沒必要為了作業這些事破壞親子關係，乾脆找別人陪讀或送安親班，但心裡實在罣礙你們的生理成長進度。（早睡才會長高啊～）

坦白說，關於情緒、溝通類的書是媽媽看最多的書，但實際要運用頗有難度，因為人容易被慣性思維役使，那種感覺如同我看見你們溺水了，於是我想也沒想立刻縱身一跳，但可能是方法不對或能力不足，搞得原本想救人的我，不僅人沒救成，自己還一併陷入危險之中。（慘）

幾次不歡而散的經驗過後，我認為自己應該是要找到「游泳圈」，並將你們拉出情緒的漩渦，而非被你們一起捲入情緒漩渦之中，但想在情緒浪潮來襲的狀況下找到游泳圈需要有意識地跳脫，溝通時區別「感受、事實和需求」為專家們提出的有效作法，溝通派別雖不盡相同，但仍有共同交集之處：**即便遭逢相同情境，使用不同的表達方式以及應對姿態，就能得到截然不同的溝通結果。**

最近媽媽正好在讀臨床心理學專家馬歇爾．盧森堡 (Marshall B. Rosenburg)《非暴力溝通》，就媽媽理解「溝通應避免爭論二元對錯，而應在乎彼此的需求是否有效傳遞給對方知道」，所以媽媽整理了一些作者的建議，希望能在陪讀時運用，書中有個舉例由於十分貼近生活，所以媽媽印象很深刻，也認為原則搭配舉例更好記憶，於是筆記下來：

「我看到茶几底下有兩團髒襪子，電視機旁邊又有三團（不帶評論的觀察與描述），實在很生氣（辨識並表達自己感受），因為我希望我們共享的空間能夠更整潔一些（覺察自己情感深處的需求），你可不可以把襪子放在你的房間或洗衣機裡（不帶命令感的具體請求）？（以上整理自馬歇爾．盧森堡《非暴力溝通》p. 30）

「我看到你的作業寫到一半跑去看電視（不帶評論的觀察與描述），覺得不太高興（辨識並表達自己感受），因為我在意你對作業是否有負責任（覺察自己情感深處的需求），你是否願意現在坐到書桌前，先把今天的作業寫完。（不帶命令感的具體請求）」以上應用在陪讀日常。

雙丁啊，雖然理論看似都懂，但擺到生活裡也只能盡力為之，不過至少現在清楚「努力的方向」，這算是當媽媽以後很重要的自我成長吧，我也是陪讀以後，漸漸能區分這些感覺仍有些微不同：**關心與責備**、**疼愛與束縛**、**參與和侵犯**、**幫助與要求**、**建議和批評**。

希望這些精心整理出來的應對姿態，除了幫助你們理解抽象情緒詞彙之外，還能在下次陪讀時為我們施展出魔法。媽媽有發願，雖然陪讀時當不成觀世音菩薩，但至少要盡力管好自己的嘴巴，所以你們配合一下嘛。（笑）

考試	
直接反應	魔法語言
這什麼成績！難道你自己一點感覺都沒有？	我看的出來你也「心煩意亂」，從考試結果看來你的複習方式效果沒很好，要不要試試看媽媽的方式？
這麼簡單的東西，還可以考出這種分數？	你看到成績應該也「不知所措」吧？但現在對你而言是很重要的基礎階段，所以我們必須討論複習方法還有哪邊可以改善。
完了，現在就考這麼爛，以後你要怎麼辦？	我知道你也很「茫然」，但好消息是至少我們知道該從哪些地方開始加強起，媽媽會陪你。
大家都考90分以上，你上課是不是都沒認真聽？	看你今天「垂頭喪氣」的，不如我們試試看，每天用這個讀書方法「堅持」一周，看看成效如何？

不是告訴過你，考試不要粗心嗎？	明明會的卻因為粗心被扣分，太令人感到「惋惜」了，但每個人都有粗心的時候，所以我們討論看看要怎麼檢查比較有效！
考的不理想啊？下次再加油啊，不然怎麼辦？	我猜你也「很失望」，但我看到你沒有放棄，我覺得你真的很棒。
複習成效不彰	
你就是不用心記，才記不起來啊！	記不起來會很有「無力感」，但媽媽覺得你不是記憶力不好，而是還沒掌握記憶的方法。
你都不聽我的，那你自己複習好了，自己看著辦！	我知道你「壓力很大」，但複習不能憑感覺，媽媽在旁邊陪你做一次。
我早就跟你說過了，你就是不聽，你現在這樣就是活該。	我想你應該「後悔」了，如果可以回到昨天，你最希望改變哪個地方？我們今天就從那邊調整起。

你考前有複習的話還會忘記嗎？	在考試的時候忘記答案會讓人「很慌張」，所以我們需要重新檢視一下你的複習計畫。
這個你上次不是錯過一次了嗎？為什麼這次又錯！	媽媽猜你感覺「很挫折」，因為我發現這個字你已經寫錯兩次了，我們來認真討論一下怎麼記這個字。
不要囉哩叭唆，你就給我按照這個方式複習就對了。	我看到你在「鬧彆扭」，複習是一定要的，如果你不喜歡這個方法，那你覺得哪種複習方式比較適合你？
寫作業	
你寫作業有好好寫嗎？為什麼被老師圈那麼多？	看到錯那麼多讓你感覺「很沮喪」吧？我們一天調整幾個小地方就好。
一直抱怨作業就會寫完嗎？每個孩子都要讀書和寫作業啊。	每天都要寫作業真的「很無奈」，但你的「堅持」對你自己很有意義。

你知道你在浪費時間嗎？為什麼不趕快開始寫作業？	你是不是覺得「很委屈」，因為不知道該從哪邊開始寫，媽媽想幫忙你解決這種「毫無頭緒」的感覺。
你為什麼寫作業總是要這樣拖拖拉拉？	你心裡面的小天使（把功課寫完）和小惡魔（拖延）又出現了，你今天想幫小天使多一點或小惡魔多一點？
為什麼又不寫作業？你這孩子都講不聽是怎樣？	故意與否不是我在意的重點，我比較想知道你不想寫作業的原因？看看這個原因是「你心情不好」（情緒問題）或是「你能力不夠」（能力問題）？情緒問題須排解，能力問題須排除。
你寫作業可以專心一點嗎？	「專心」是指一次作一件事情至少十分鐘以上。或者「專心」是指作業的品質應該讓自己滿意。

寫作業是你自己的事情，你那麼兇幹嘛？	我感覺到你很「憤怒」，因為我聽到你說話很大聲，但你這樣會讓媽媽不知道該如何幫助你，等你「冷靜」下來，我會聽你把話說完。
為什麼寫作業還要媽媽提醒呢？	媽媽希望你學會「自律」，因為學會自己安排時間是很重要的事情。
你一天才幾個作業？不能按時交作業嗎？	你不準時交作業讓我很「焦慮」，按時交作業是對老師的「尊重」，也是對自己「負責任」的表現
寫作業擺個臭臉是要給誰看？	你表情看起來「很生氣」，是因為你覺得未達自己標準嗎？我不知道我猜的對不對，我需要你幫忙。
你再不寫，明天去學校就完蛋了。	你希望明天去學校是怎樣的心情？「沒有負擔」或是「緊張兮兮」？那你現在應該怎麼做才能有那樣的心情？

你為什麼這邊又錯了？

我發現你這部分有問題，我們要特別討論一下。（因為胖丁不喜歡錯的感覺，但學習不可能不犯錯，所以後來我都用問題代替錯誤，發現效果不錯，因為在他的世界裡，問題是用來解決的，但錯誤聽起來有被責備的感覺XD）

☆後記

雙丁啊，當媽媽以後我才發現，我除了很會自責之外，自圓其說的功力也相當厲害，記得有次我們又不歡而散，事後我對你們說：「對不起嘛，我知道媽媽剛剛傷到你們的心了。」一見到你們露出一張氣嘟嘟的小臉，我趕緊跟你們說：「吼唷不要生氣啦，這年頭受點傷的男人更有魅力，我覺得你們有變帥耶。」（沒想到你們竟然也買單，媽媽大笑中）

教養盲點記實（上）

「媽媽，你是不是也和同學一樣覺得我很爛？」
「當然不是……」但我知道這樣說無法將你從悲傷中解救出來。

親愛的胖丁：

為銜接小學，媽媽在你大班時做出「轉學」的重大決定，從非升學導向之幼兒園，轉去公認學業壓力不大之雙語幼兒園，本以為有些英語底子的你，理應不會遇到太多適應上的問題才對。

所以即便轉學後偶爾聽你提起：「媽媽，有些班上同學會叫我小Vincent，因為我英文很爛，他們說我應該去讀小班。」我並不十分在意，我總以為這不過是過渡時期，甚至認為只要我不給你課業壓力，你便能快樂學習，所以當時我並未深入了解你在學校的實際遭遇，只是試圖安撫你的情緒：「沒關係，慢慢來喔，一開始聽不懂是正常的，媽媽會陪你。」直到我親自去參加你的教學觀摩，我才赫然發現，我在教養上的自以為是恐怕害慘了你。

班上正在進行單字分組競賽，同學們無不熱烈參與，然而輪到你站起來時，我卻意外瞥見你略帶緊張的神情，隨即聽到你的同學很自然地用嫌棄口吻發出「嘖～」的聲音，臉上還帶著懷疑眼神，果然你沒為同組搶下那一分，雖然我見到你故作鎮定地坐下，但臉上卻難掩落寞之神情。

回家後，也許是積壓已久的情緒一次爆發，你瑟縮在家中牆角痛哭失聲地問我：「媽媽，你是不是也和同學一樣覺得我很爛？」自責又心疼的我，雖然緊緊抱著你，想給你最溫暖的擁抱：「當然不是，在媽媽心裡你就是最棒的。」但你似乎接收不到我的安慰，只是一股腦地哭個不停。

從那刻起我才明白這些表面安慰，聽在你耳裡有多不切實際，因為在團體中跟不上的你早已身心俱疲，而我自以為給你的無壓學習環境，無非也是一種殘酷的溫柔而已，解決不了你在學業上所遭遇的困境。

雖然「我不在意孩子的功課或成績」成為現代父母不忍心見到孩子飽受學業之苦的一個標準答案，但經過這次事件媽媽卻發現這句話宛如天方夜譚，因為面對學業的始終是孩子，家長不在意學業表現，不代表孩子不在意，家長不在意學業成績，不代表孩子的心理壓力就會減輕。

胖丁啊，那段日子你真的辛苦了，現在你的學習之路漸入佳境，不過那段轉學小插曲讓媽媽心生警惕，**孩子的學習不能與母親教育理念綁在一起，必須將孩子實際面臨的學習處境考慮進去，因為當孩子面對學業感到憤怒或是沮喪時，單靠「媽媽覺得考不好沒關係」是沒有辦法真正解除孩子壓力源的。**

所以媽媽希望朝這方向努力，當你需要我拉一把時，我要有能力拉著你，並以健康的態度，陪你一起慢慢挺過去，畢竟親眼目睹你在學習路上跌跤，卻怎麼樣也無法安慰到你，對我而言真的太過煎熬了。（不自覺揪住衣領，因為胸口一緊）

☆後記

孩子有求勝心是好事情，孩子想要贏也是人之常情，所以這個小故事純粹紀錄用以自我提醒，不會有更多衍伸涵義喔。

教養盲點記實（下）

「媽媽，我不想選跟哥哥一樣的社團。」
「如果這個決定是經過你考慮的，媽媽會支持你。」

親愛的小可丁：

你還記得嗎？小時候的你有多喜歡當哥哥的小跟班，從衣服款式至早餐種類，甚至連瀏海角度都要和哥哥一樣，否則不開心就會寫在你的小臉上，直接化身為一隻惹人憐愛的垂耳小兔。（摸頭處理）

除了喜歡和哥哥一起之外，也因你們同性別又年齡相仿，基於接送和照護上的方便，我也傾向讓你們一起去補習或上才藝班，希望你們兄弟倆在陌生環境能互相有個照應，長久以來我們對於這個模式習以為常也運作得很好，以至於媽媽不認為這樣安排會有什麼問題，直到……

剛升小一的你需要挑選課間社團，但這次你卻不願意跟哥哥選一樣的圍棋社，起初我也是想盡辦法說服你，一來是因為爸爸認為，圍棋是一個鍛鍊頭腦很好的選擇；二來是因為哥哥和爸爸在家有下圍棋的習慣，總盼著你能一起加入；三來則是我私心希望你選一個能鍛鍊心性的社團去磨練磨練。

但這次任憑我們好說歹說，你不要就是不要，而且反應超級無敵大，你一心只想要選我們三人都覺得沒什麼建設性的魔術社。（對不起魔術老師，這只是我們家的個人意見，不要往心裡去喔）

見你由一隻惹人憐愛的垂耳小兔變身為一隻反應過激的貓，讓我不得不單獨花時間跟你聊聊，並再三保證這是個沒有爸爸也沒有哥哥的談話，你才願意娓娓道來屬於你內心的小劇場。「哥哥一直都很棒，一直都表現得很好。」我從你的話中聽得出來，你還是很崇拜胖丁，「可是我不想什麼都跟哥哥一樣」，「而且我真的不喜歡圍棋」。

見你低著頭又愁容滿面的模樣著實令我心生不捨，但站在母親的立場，我仍希望你們兄弟倆養成深思熟慮的思考習慣，不願你做出莽撞決定，所以我問你：「那你覺得學魔術可以幫到你什麼？」你若有所思的模樣仍帶著一股天真的萌感，以致於我當下並不認為你能說出什麼具建設性的答案，不過我內心卻早已有了尊重你的打算，只是在我表達贊同之前，仍希望鼓勵你多朝問題的不同角度思考看看。

未料你卻無比認真地看著我說：「我覺得學魔術能幫我交更多朋友。」是啊，我怎麼就忘記社交力也是很值得被看見的呢！我是否過度擔心孩子有所不足，於是太執著於在選補習或才藝時，想把自己認為好的選項塞給孩子，卻忽略生活中除了學業之外，仍有許多面向的能力可以讓孩子發揮。

「大衛本來就存在於大理石中，我只是把不需要的部分去掉而已。」最後寫下米開朗基羅的這句話是想要提醒自己：尊重和欣賞孩子與生俱來的天生氣質，父母除了可以是園丁灌溉的角色之外，也可以是將孩子從禁錮的石塊中解放出來的角色。

小可丁啊，謝謝你讓媽媽認清我的教養盲點所在，我暫時把這個盲點命名為「哥哥爸爸真偉大，弟弟也想要用自己的方式長大」。而比起胖丁，你的確是個善於與人互動的孩子，而魔術也如你所言，成了你與朋友拉近關係的一個很好的工具，聽說你在學校都會變魔術給女生看。（哼！媽媽也只好安慰自己至少有看到第二次）

☆後記

早在米開朗基羅動手之前，這尊《大衛像》原來是一塊雕琢失敗、長達25年棄置在教堂空地上，被視為一塊嚴重擋路的廢棄大理石，米開朗基羅認為每一塊石頭都蘊藏了生命，而他在創作前能預見大理石內的「胚胎」——他的工作只是用鑿刀把多餘的表面部份剔除掉，把生命從禁錮他的石塊中解放出來。

大衛以智慧打敗哥利亞巨人的故事在文藝復興時期是十分常見的題材，當時也有許多以此為題材的創作，不過他們呈現的都是腳踏巨人頭顱、面露勝利微笑的少年形象，米開朗基羅則完全不同，他將大衛塑造成一個成熟健美的裸體青年，表現的卻是應戰前蓄勢待發的緊張時刻。

我們的未完待續

你們記憶中的我，陪你們讀書時會是什麼模樣……？
而當時的我，又從陪讀過程中帶了些什麼給你們……？

親愛的雙丁：

我從不認為自己有何過人之處，如你們所見，我就是個普通的媽媽，過著普通的日子，有著普通的煩惱，嗯～好啦，或許有點恣意妄為，有點母愛氾濫，但我正在學著收斂。（笑）

不過你們鐵定無法想像，在生你們之前，我可都是畫著自以為精緻的妝，以及踩著就算破皮也要硬穿的高跟鞋穿梭在雙北街區，和現在不修邊幅的我簡直天壤之別，所以我從不曾想過，某天我會變成想要陪伴你們學習的母親，畢竟臺灣的補教產業不僅行之有年且選擇多元。

對母親而言，陪讀需要鼓起很大的勇氣，而毫無相關背景的我，更是無法確定自己是否有勝任的能力，「究竟是打哪來的自信覺得自己可以？」「如何確保書中方法當真可行？」所以我想若是有人讀完這本書提出類似上述的質疑，這些都是可以被理解的，因為這些問題我也曾問過自己。

我想，追根究底，這份勇氣應是源自於你們對我的相信與鼓勵，而這些方法之所以奏效，很大部分取決於你們對自己的努力和不放棄。雖然實際陪讀時，突發狀況往往發生得又快又混亂，原定計畫也不時朝失控的方向發展，彼此間情緒的變化，更常常讓我一時之間不知道該怎麼辦，但我也從與你們共同學習的這些笑鬧淚水裡隱約感覺，原來陪讀真的可提供孩子不同選項的學習方法，也漸漸發現，原來陪讀的確能為親子創造出更多可能性，連我也因為陪讀，開始喜歡和你們「共同學習」。

你們記憶中的我，陪你們讀書時會是什麼模樣……？

而當時的我，又從陪讀過程中帶了些什麼給你們……？

關於陪讀的種種我們正在經歷，未來仍有許許多多的不確定，也許等你們長大後，我會想問你們上述兩個問題，試圖探究陪讀之於我們的正反面意義，但截至目前陪讀對我們的洗禮，我已然很確定，無論往後自己做出任何決定，陪讀或是不陪讀，都將會是源於對你們、自己和外在條件的足夠理解，而非一時情緒或是被環境所逼。

坦白說我自己也不知道，還能在

陪讀這條路上走多遠，我只知道當你們仍需要我時，我就還有動力向前，非常感謝你們兩位心頭肉與我偕手進入這段共學深度之旅，也希望往後我們能繼續相愛下去。（偶爾相殺可以，但不要太常，聽到了沒！）

現在，快點過來和媽媽一起，以最誠懇的態度，感謝幫助我們完成這本書的所有人：遠芬副總編與瑋茹副總編的信任、英傑編輯與家慈編輯的建議、于萱行銷經理與郁凱的企劃、品儒姊姊的插圖、維持家計的爸爸，以及在完稿之前助我們一臂之力的家人與朋友們，還有在媽媽面臨情緒臨界點時，於臉書上為我們打氣的每位臉友，你們要知道，倘若沒有他們的幫忙，我們走不到這裡。（獻花）

最後，特別感謝願意將這本書帶回家的更多朋友們，因為在競爭激烈的資本社會裡，若沒有實際購買行為的發生，這本書的內容將無法傳遞。（鞠躬）

後記

陪讀時，因為孩子所以生氣的事，千萬別往心裡去，因為明天還有新的事會繼續惹你（真心），但日子總是要過下去，所以想送杯蔘茶給媽媽們補點元氣。（我通常都喝花旗蔘，去媽媽的火、解媽媽的氣）

Hi!我想謝 謝你陪我ㄉㄨˊ書和陪我玩，
還很多事你幫忙我做。在ㄉㄨˊ書時，你給
我看很多ㄍㄨˇ ㄩˊ頭ㄙ有ㄍㄨˇ的ㄒ片和告訴我
很多ㄍㄨˇ ㄩˊ頭ㄙ怎麼ㄓ做。我ㄐㄩˊ得ㄙ有趣。我也
喜歡你交我作筆記的方法因為我ㄐㄩˊ得
很有用，ㄖ我常常拿高分。還幫我打ㄐ。
但有件事我不太喜歡，就是每ㄉㄨˊ完半
小時，就要休息15分ㄓ。能不能把15分ㄓ變成
十分ㄓ呢？然候其他事我沒ㄧ見。謝謝
不ㄇㄢˊ不休的照顧我和陪伴我！Love you!♥
從：JJ

ㄑㄧㄣ ㄞˋ的媽媽：謝謝你陪我ㄈㄨˋ
ㄒㄧˊ，旲ˋ我知道ㄈㄨˋㄒㄧˊ是旲ˋㄓㄛ ㄒㄧ不要ㄔㄠˋㄓㄠ，
也旲我知道大ㄐㄧㄚˋ怎ˋ麼ㄈㄨˋㄒㄧˊ和旲我
知道ㄈㄨˊㄒㄧ是ㄨㄟˋ了自己的ㄨㄟˋ來。謝謝
你陪我一起ㄈㄨˋㄒㄧˊ ㄓㄨㄥ文、國ㄩˇ和ㄕㄨˋㄒㄩㄝˊ。ㄙㄨㄟ ㄖㄢˊ
我不喜歡ㄕㄨˋ學ㄒㄧ的ㄈㄨ 可是ㄐㄧㄥ過你ㄐㄧㄠˋㄉㄠˇ我才知
道要ㄗˋ己ㄓㄨˋㄧˋ。謝謝你
ㄓㄨ從：可丁

推薦閱讀

【LIFE 系列】

其實我也好想哭：消除育兒焦慮，從學會做自己開始

福田花奈繪／著、楊詠婷／譯

孩子保持原本的樣子就好。

真正需要拯救的是——你自己。

這不是一本育兒知識書，而是讓你肯定自我，緩和育兒煩躁感的「魔法咒語」書。

對小孩感到煩躁是因為出自潛藏內心的自我否定，並非用育兒知識能解決的。

本書根據每種育兒心生煩躁的狀況，提供緩和情緒，「提高媽媽自我肯定感的魔法咒語」。

書中也收錄許多可愛的漫畫，讓我們一起學習改變心態，擁有幸福的親子關係吧！

【LIFE 系列】

踮腳的小陽

田中檸檬（たなか れもん）／文圖、林慧雯／譯

到底是眼前的孩子怪還是我們的視野太狹隘？

五歲的自閉症女孩，以及媽媽、爸爸、弟弟的家庭日常

在有苦有甘、正面樂觀的育兒生活中

陪著孩子一點一點進步，我們這些大人也成長了

小陽是 5 歲的自閉症譜系障礙兒童，一個非常有個人特色的女孩。本書由媽媽田中檸檬用可愛的手感鉛筆漫畫描繪小陽、爸爸、媽媽、弟弟，一家四口的日常生活。爸爸媽媽有時會對小陽太有特色的行為感到疑惑，但他們努力看書、問醫生、試圖理解小陽，為了解決難題而奔走……

【LIFE 系列】

守護教養法：不否定、不過度給予、不焦急，日本教育專家教你養出聰明的孩子

小川大介／著、林佳翰／譯

在教養路上，許多父母期待孩子成為他們理想中的樣子，
因而常否定孩子、單方給予孩子太多東西，卻忘記孩子真正的喜好。
久而久之，父母和孩子的笑容都消失了……
只要把「給予教養法」改成「守護教養法」，
孩子就能主動學習、不斷成長！

過去人們認為，聰明的孩子就是會讀書和考試的孩子。二十年前有誰料到 YouTuber 會成為熱門的職業？聰明孩子的定義顯然已發生改變，「能在社會上發揮自己強項的孩子」才是聰明的孩子，這樣的孩子才能在未來有競爭力！

本書介紹為何「守護教養法」能成功育兒，以及實踐這種教養方式的祕訣，反對由父母單方面給予孩子「可能和未來幸福有關的東西」，而是認同、守護由孩子自己發現的「喜好」，讓孩子發揮自身能力步上幸福人生的關鍵。

國家圖書館出版品預行編目資料

陪讀的刻意練習：養成孩子自主學習的教養魔法／雙丁麻麻著.——初版一刷.——臺北市：三民，2022
面； 公分.——（LIFE）

ISBN 978-957-14-7350-5（平裝）
1. 親職教育 2. 子女教育

528.2　　110019974

[life]

陪讀的刻意練習：養成孩子自主學習的教養魔法

作　　者｜雙丁麻麻
責任編輯｜張家慈
美術編輯｜蔡季吟
插畫設計｜Juju 插畫設計

發 行 人｜劉振強
出 版 者｜三民書局股份有限公司
地　　址｜臺北市復興北路 386 號 (復北門市)
　　　　　臺北市重慶南路一段 61 號 (重南門市)
電　　話｜(02)25006600
網　　址｜三民網路書店 https://www.sanmin.com.tw

出版日期｜初版一刷 2022 年 1 月
書籍編號｜S521180
I S B N｜978-957-14-7350-5

三民書局

編著者：雙丁麻麻
繪　者：Juju 插畫設計

刻意練習國字本

三民書局

★ 字形結構

左小右大	左右相等	上中下相等	上大下小	左下包	左上包
裡 ㄌㄧˇ	水 ㄕㄨㄟˇ	王 ㄨㄤˊ	想 ㄒㄧㄤˇ	起 ㄑㄧˇ	麼 ˙ㄇㄜ

左中右相等	左大右小	上小下大	上下相等	上包下	全包圍
倒 ㄉㄠˋ	刷 ㄕㄨㄚ	草 ㄘㄠˇ	桌 ㄓㄨㄛ	問 ㄨㄣˋ	園 ㄩㄢˊ

★ 字形結構

雙丁麻麻

左小右大	左右相等	上中下相等	上大下小	左下包	左上包
後 ㄏㄡˋ	雨 ㄩˇ	主 ㄓㄨˇ	黑 ㄏㄟ	題 ㄊㄧˊ	有 ㄧㄡˇ

左中右相等	左大右小	上小下大	上下相等	上包下	全包圍
樹 ㄕㄨˋ	到 ㄉㄠˋ	第 ㄉㄧˋ	出 ㄔㄨ	聞 ㄨㄣˊ	國 ㄍㄨㄛˊ

★ 字形結構

雙丁 麻麻

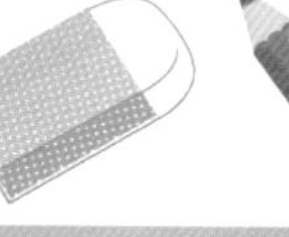

左小右大	左右相等	上中下相等	上大下小	左下包	左上包

左中右相等	左大右小	上小下大	上下相等	上包下	全包圍

★ 字形結構

雙丁麻麻

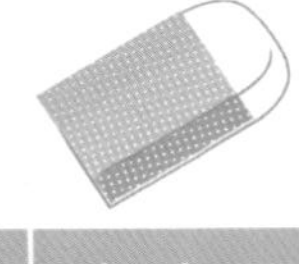

左小右大	左右相等	上中下相等	上大下小	左下包	左上包

左中右相等	左大右小	上小下大	上下相等	上包下	全包圍

★ 字形結構

雙丁
麻麻

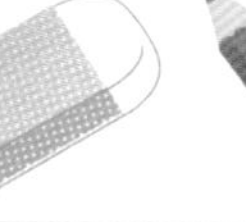
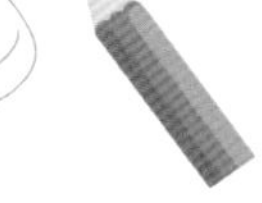
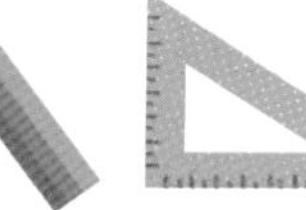

左小右大	左右相等	上中下相等	上大下小	左下包	左上包

左中右相等	左大右小	上小下大	上下相等	上包下	全包圍

★ 字形結構

雙丁麻麻

左小右大	左右相等	上中下相等	上大下小	左下包	左上包

左中右相等	左大右小	上小下大	上下相等	上包下	全包圍

雙丁麻麻

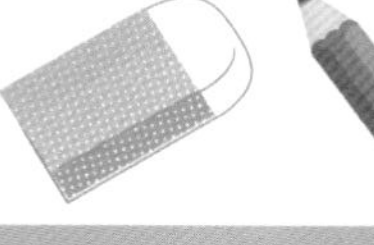

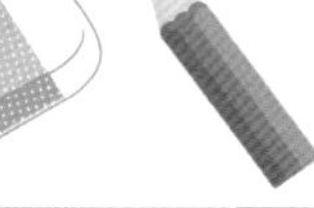

★ 字形結構

左小右大	左右相等	上中下相等	上大下小	左下包	左上包

左中右相等	左大右小	上小下大	上下相等	上包下	全包圍

★ 字形結構

左小右大	左右相等	上中下相等	上大下小	左下包	左上包

左中右相等	左大右小	上小下大	上下相等	上包下	全包圍

陪孩子寫字，最重要的是讓孩子了解

1. 國字的「結構」：左右、上下、內外等等
2. 國字的「比例」：左小右大、上大下小等等

因此下筆前先想好位置非常重要！

《刻意練習國字本》列出國字的不同結構及比例，爸爸媽媽可以參照範例，自行填上要讓孩子練習的國字，也可以利用空白表格陪孩子比較「按比例」與「不按比例」之間的差異。把握這些原則去練習，實際感受到字漸漸變美的過程，就會愈寫愈有信心喔！

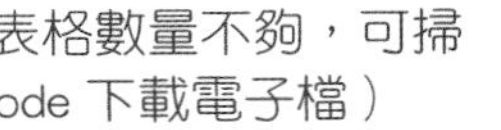

（若表格數量不夠，可掃QR code 下載電子檔）